质量管理小组活动准则综合解读及案例

职晓云 编著

机械工业出版社

本书结合实际案例对中国质量协会发布的《质量管理小组活动准则》（T/CAQ 10201—2016）和《质量管理小组活动准则》（T/CAQ 10201—2020）进行了系统、详细的比较和阐述，并对给出的三个质量管理小组活动成果案例进行了点评。通过阅读本书，读者能够了解《质量管理小组活动准则》（T/CAQ 10201—2020）的变化点并与时俱进地开展质量管理小组活动，进而更好地解决各种质量管理问题。通过掌握新准则，适应新要求，从而进一步提升质量管理水平。

　　本书适合企事业单位的生产管理人员、技术人员、质量管理小组成员及质量管理相关人员阅读。

图书在版编目（CIP）数据

质量管理小组活动准则综合解读及案例／职晓云编著． --北京：机械工业出版社，2024.7． -- ISBN 978-7-111-76238-6

Ⅰ．F279.23

中国国家版本馆 CIP 数据核字第 2024D784T2 号

机械工业出版社（北京市百万庄大街 22 号　邮政编码 100037）
策划编辑：闫云霞　　　　　　责任编辑：闫云霞　张大勇
责任校对：贾海霞　李　婷　　封面设计：张　静
责任印制：单爱军
北京虎彩文化传播有限公司印刷
2024 年 10 月第 1 版第 1 次印刷
184mm×260mm・9.75 印张・236 千字
标准书号：ISBN 978-7-111-76238-6
定价：45.00 元

电话服务　　　　　　　　　　网络服务
客服电话：010-88361066　　　机　工　官　网：www.cmpbook.com
　　　　　010-88379833　　　机　工　官　博：weibo.com/cmp1952
　　　　　010-68326294　　　金　书　网：www.golden-book.com
封底无防伪标均为盗版　　　机工教育服务网：www.cmpedu.com

前　言

　　质量管理小组（以下简称QC小组）是从我国改革开放初期，随着全面质量管理引入我国同时开展起来的，至今已经过了40多年，质量管理小组由点到面，蓬勃发展，经久不衰，显示出了强大的生命力。

　　QC小组是由生产、服务及管理等工作岗位的员工自愿结合，围绕组织的经营战略、方针目标和现场存在的问题，以改进质量、降低消耗、改善环境、提高人员素质和经济效益为目的，运用质量管理理论和方法开展活动的团队。

　　为指导组织员工遵循科学的活动程序，运用质量管理理论和统计方法，有效地开展质量管理小组活动，中国质量协会于2016年颁布了《质量管理小组活动准则》（T/CAQ 10201—2016）（以下简称2016版准则），准则详细规定了质量管理小组活动程序的要求、现场评审及发表评审要求，成为我国最具系统性、权威性的QC小组活动标准。标准平稳、有效地运行了4年时间。2020年中国质量协会与时俱进、不断创新，在2016版准则的基础上又颁布了更适用的《质量管理小组活动准则》（T/CAQ 10201—2020）（以下简称2020版准则），准则上明确标注"代替T/CAQ 10201—2016"。本书结合多个实例对新准则的变化进行详细解读，使广大组织成员对新准则有更深刻、全面的了解，从而更熟练地按照新要求开展活动。

目 录

前言

第 1 章　2020 版准则综合解读及常见问题
　　　　（结合实例） ················· 1
1.1　引言变化点 ······················ 1
1.2　质量管理小组准则变化点 ········ 2
1.3　附录变化点 ······················ 7

第 2 章　质量管理活动中常用的统计方法
　　　　（结合实例） ················ 13
2.1　常用统计方法简介 ·············· 13
2.2　分层法 ·························· 14
2.3　调查表 ·························· 16
2.4　排列图 ·························· 18
2.5　头脑风暴法 ····················· 20
2.6　亲和图 ·························· 21
2.7　因果图 ·························· 22
2.8　树图（系统图） ················ 23
2.9　关联图 ·························· 25
2.10　水平对比法 ···················· 28
2.11　流程图 ························· 29
2.12　PDPC 法 ······················· 30

2.13　简易图表 ······················ 32
2.14　直方图 ························· 34
2.15　散布图 ························· 40
2.16　控制图 ························· 42
2.17　优选法 ························· 49
2.18　正交试验设计法 ··············· 51
2.19　矩阵图 ························· 55
2.20　箭条图 ························· 57

第 3 章　质量管理小组成果整理、发布与评审 ························ 62
3.1　QC 小组活动成果的整理 ······· 62
3.2　QC 小组活动成果的发布 ······· 66
3.3　QC 小组活动成果的评审 ······· 69

第 4 章　案例解析 ················ 77
4.1　问题解决型课题成果解析（自定目标课题） ······················· 77
4.2　问题解决型课题成果解析（指令性目标课题） ···················· 102
4.3　创新型课题成果解析 ·········· 124

参考文献 ·························· 149

第1章　2020版准则综合解读及常见问题（结合实例）

1.1　引言变化点

引言变化点见表1-1。

表1-1　新旧准则"引言"对比表

2020版准则	2016版准则
0.1　总则 　　质量管理小组是各岗位员工自主参与**质量改进和创新**的有效形式。开展质量管理小组活动是提高员工素质、激发员工积极性和创造性，改进质量、降低消耗、**改善环境**、提升组织绩效的有效途径。 0.2　基本原则 　　质量管理小组活动遵循以下基本原则： 　　a）全员参与 　　组织内的全体员工自愿**加入**、积极参与群众性质量管理活动，小组活动过程中应充分**发挥**每一位成员的积极性和**创造性**。 　　b）持续改进 　　为提高员工队伍素质，提升组织管理水平，质量管理小组应**长期坚持不懈地**开展质量改进和创新活动。 　　c）遵循PDCA循环 　　为**持续、有效地**开展活动并实现目标，质量管理小组活动遵循策划（Plan，P）、实施（Do，D）、检查（Check，C）、处置（**Act**，A）程序（简称PDCA循环），开展活动。 　　d）基于客观事实 　　质量管理小组活动过程应基于数据、信息等客观事实进行调查、分析、评价与决策。 　　e）应用统计方法 　　质量管理小组活动中应**适宜、正确地**应用统计方法，对收集的数据和信息进行整理、分析、验证，并做出结论。	0.1　总则 　　质量管理小组是各岗位员工自主参与**质量管理、质量改进和创新**的有效形式。开展质量管理小组活动是提高员工素质、激发员工积极性和创造性，改进质量、降低消耗、提升组织绩效的有效途径。 0.2　基本原则 　　质量管理小组活动遵循以下基本原则： 　　a）全员参与 　　组织内的全体员工自愿**组成**、积极参与群众忄生质量管理活动，小组活动过程中应充分**调动**、发挥每一个成员的积极性和**作用**。 　　b）持续改进 　　为提高员工队伍素质，提升组织管理水平，质量管理小组应**开展长期有效、持续不断的**质量改进和创新活动。 　　c）遵循PDCA循环 　　为**有序、有效、持续地**开展活动并实现目标，质量管理小组活动遵循策划（Plan，P）、实施（Do，D）、检查（Check，C）、处置（**Action**，A）程序开展适宜的活动，简称PDCA循环。 　　d）基于客观事实 　　质量管理小组活动中的**每个步骤**应基于数据、信息等客观事实进行调查、分析、评价与决策。 　　e）应用统计方法 　　质量管理小组活动中应**正确、恰当**地应用统计方法，对收集的数据和信息进行整理、分析、验证，并做出结论。

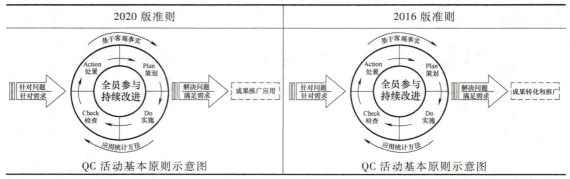

1.2 质量管理小组准则变化点

1.2.1 问题解决型课题变化点

问题解决型课题变化点见表1-2。

表1-2 新旧准则"问题解决型课题"对比表

2020版准则	2016版准则
3.3 问题解决型课题 problem-solving project 小组针对已经发生不合格或不满意的生产、服务或管理现场存在的问题进行质量改进所选择的活动课题。 （注：问题解决型不再分四个类型，此为重大变化点之一。）	3.3 问题解决型课题 problem-solving project 小组针对已经发生不合格或不满意的生产、服务或管理现场存在的问题进行质量改进，所选择的**质量管理小组课题**。 （注：问题解决型课题包括现场型、服务型、攻关型、管理型**4种类型**。）
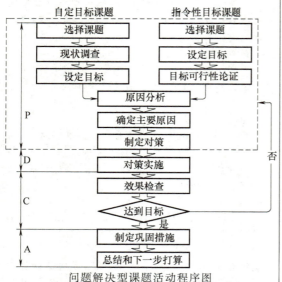 问题解决型课题活动程序图 （注：当目标未完成时，要重新回到整个 **P** 阶段。）	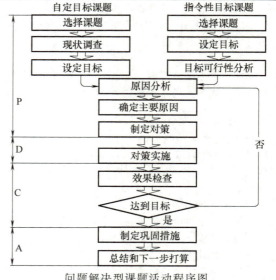 问题解决型课题活动程序图 （注：当目标未完成时，要重新回到"原因分析"阶段。）

（续）

2020 版准则	2016 版准则
4.1.2.2　选题要求 小组选题要求包括： a）小组能力范围内，课题宜小不宜大； b）课题名称直接，尽可能表达课题的特性值； c）选题理由明确、**用数据说明**。	4.1.2.2　选题要求 小组选题要求包括： a）小组能力范围内，课题宜小不宜大； b）课题名称直接，尽可能表达课题的特性值； c）选题理由明确、**简洁**。
4.1.3　现状调查 为了解问题的现状和严重程度，小组应进行现状调查： a）**收集有关数据和信息，数据和信息应具有客观性、全面性、时效性和可比性**； b）**对数据和信息进行分层整理和分析**； c）**通过分析数据明确现状，找出症结，确定改进方向和程度，为目标设定和原因分析提供依据**。 （注：这是自定目标课题的第二步，指令性目标课题没有此步骤。）	4.1.3　现状调查 为了解问题的现状和严重程度，小组应进行现状调查： a）**把握问题现状，找出问题症结，确定改进方向和程度**； b）**为目标设定和原因分析提供依据**； c）**对数据和信息进行分类、分层和整理**； d）**提供的数据和信息具有客观性、可比性、时效性和全面性**。
4.1.4　设定目标 4.1.4.1　目标来源 　根据所选课题，小组应设定活动目标，**以明确课题改进的程度**，并为效果检查提供依据。 课题目标来源： 　a）自定目标。由小组成员共同制定的**课题目标**； 　b）指令性目标。上级下达给小组的课题目标，**小组直接选择上级考核指标、顾客要求等作为课题目标**。 4.1.4.2　目标设定依据 　小组自定目标**的设定**可考虑： 　a）**上级**下达的考核指标或要求； 　b）顾客**要求**； 　c）**国内外**同行业先进水平； 　d）**组织**曾经达到的最好水平； 　e）针对**症结**，预计**其解决程度**，测算**课题**将达到的水平。 4.1.4.3　目标设定要求 　目标设定应与小组活动课题相一致，并满足如下要求： 　a）目标数量**不宜多**； 　b）**目标可测量、可检查**； 　c）目标具有挑战性。 （注：这是自定目标课题的第三步，是指令性目标课题的第二步。）	4.1.4　设定目标 4.1.4.1　目标来源 　根据所选课题，小组应设定活动目标，**以掌握课题解决的程度**，并为效果检查提供依据。课题目标来源： 　a）自定目标。**小组明确课题改进程度，由小组成员共同制定的目标**； 　b）指令性目标。**上级下达给小组的课题目标或小组直接选择上级考核指标作为目标**。 4.1.4.2　目标设定依据 　小组自定目标可考虑： 　a）**上级**下达的考核指标或要求； 　b）顾客**需求**； 　c）**国内**同行业先进水平； 　d）**小组**曾经**接近或**达到的最好水平； 　e）针对**问题或问题症结**，预计问题解决的程度，测算**小组**将达到的水平。 4.1.4.3　目标设定要求 　目标设定应与小组活动课题相一致，并满足如下要求： 　a）目标数量不宜多； 　b）**目标可测量**； 　c）目标具有挑战性。

(续)

2020版准则	2016版准则
4.1.5 目标可行性**论证** 　指令性目标**课题**应在设定目标后进行**目标可行性论证**,目标可行性论证可考虑: 　a)**国内外**同行业先进水平; 　b)**组织**曾经达到的最好水平; 　c)**把握现状,找出症结**,论证需解决的具体问题,以确保课题目标实现。 　(注:这是指令性目标课题的第三步,自定目标课题没有此步骤。)	4.1.4.4 目标可行性**分析** 　指令性目标应在选题后进行**目标可行性分析**,目标可行性分析可考虑: 　a)**国内**同行业先进水平; 　b)**小组**曾经**接近或**达到的最好水平; 　c)**针对问题或问题症结**,预计问题解决的程度,测算小组将达到的水平。
4.1.6 原因分析 　小组进行原因分析应符合以下要求: 　a)针对**问题或症结**进行原因分析; 　b)因果关系清晰,逻辑关系紧密; 　c)**可**从人、机、料、法、环、测等方面考虑,以充分展示产生问题的原因,避免遗漏; 　d)将每一条原因**逐层**分析到末端,以便直接采取对策。	4.1.5 原因分析 　小组进行原因分析应符合以下要求: 　a)针对**问题或问题症结**进行原因分析; 　b)**问题和原因之间的**因果关系清晰,逻辑关系紧密; 　c)从人、机、料、法、环、测等方面考虑,以充分展示产生问题的原因,避免遗漏; 　d)将每一条原因分析到末端,以便直接采取对策; 　**e)正确应用适宜的统计方法**。
4.1.7 确定主要原因 　小组应**针对末端原因,依据数据和事实,客观地确定主要原因**: 　a)收集所有的末端原因,识别并排除小组能力范围以外的原因; 　b)对每个末端原因进行逐条确认,必要时可制定要因确认计划; 　c)依据末端原因对**问题或症结的**影响程度判断是否为主要原因; 　d)判定方式为现场测量、试验和调查分析。	4.1.6 确定主要原因 　小组应**依据数据和事实,针对末端原因**,客观地确定主要原因: 　a)收集所有的末端原因,识别并排除小组能力范围以外的原因; 　b)对每个末端原因进行逐条确认,必要时可制定要因确认计划; 　c)依据末端原因对**问题或问题症结**影响程度判断是否为主要原因; 　d)判定方式为现场测量、试验及调查分析。
4.1.8 制定对策 　小组制定对策应: 　a)针对主要原因逐条制定对策; 　b)必要时,**针对主要原因提出多种对策,并用客观的方法进行对策的评价和选择**; 　c)按5W1H要求制定对策表,对策明确,对策目标可测量、**可检查**、措施具体。 　[注:5W1H即 What(对策)、Why(目标)、Who(负责人)、Where(地点)、When(时间)、How(措施)。]	4.1.7 制定对策 　小组制定对策应: 　a)针对主要原因逐条制定对策; 　b)必要时,**提出对策的多种方案,并进行对策效果的评价和选择**; 　c)按5W1H制定对策表,对策明确,对策目标可测量、措施具体。 　[注:5W1H即 What(对策)、Why(目标)、Who(负责人)、Where(地点)、When(时间)、How(措施)。]
4.1.9 对策实施 　小组实施对策应: 　a)按照对策表逐条实施对策,并与对策目标进行比较,确认对策效果; 　b)当未达到**对策目标**时,应修改措施并按新的措施实施; 　c)必要时,验证对策实施结果在安全、质量、管理、成本、**环保**等方面的负面影响。	4.1.8 对策实施 　小组实施对策应: 　a)按照对策表逐条实施对策,并与对策目标进行比较,确认对策效果**和有效性**; 　b)当**对策**未达到**对应的目标**时,应修改措施并按新的措施实施; 　c)必要时,验证对策实施结果在安全、质量、管理、成本等方面的负面影响。

（续）

2020版准则	2016版准则
4.1.10 效果检查 所有对策实施**完成**后，小组应进行效果检查： a）检查小组设定的课题目标是否完成； b）与对策实施前的现状对比，判断改善程度； c）必要时，确认小组活动产生的经济效益和社会效益。	4.1.9 效果检查 所有对策实施后，小组应进行效果检查： a）检查小组设定的课题目标是否完成； b）与对策实施前的现状对比，判断改善程度； c）必要时，确认小组活动产生的经济效益和社会效益。
4.1.11 制定巩固措施 小组制定巩固措施应： a）**将对策表中通过实施证明有效的措施，纳入相关标准或管理制度，如工艺标准、作业指导书、设备管理制度、人员管理制度等，并报主管部门批准；** b）必要时，对巩固措施实施后的效果进行跟踪。	4.1.10 制定巩固措施 制定巩固措施，小组应： a）**将对策表中通过实施证明有效的措施经主管部门批准，纳入相关标准，如工艺标准、作业指导书、管理制度等；** b）必要时，对巩固措施实施后的效果进行跟踪。
4.1.12 总结和下一步打算 小组应对活动全过程进行回顾和总结，并提出今后打算，包括： a）针对专业技术、管理方法和小组成员综合素质等方面进行全面总结； b）提出下一次活动课题。	4.1.11 总结和下一步打算 小组对活动全过程进行回顾和总结，**有针对性地**提出今后打算。包括： a）针对专业技术、管理方法和小组成员综合素质等方面进行全面总结； b）**在全面总结的基础上**，提出下一次活动课题。

1.2.2 创新型课题变化点

创新型课题变化点见表1-3。

表1-3 新旧准则"创新型课题"对比表

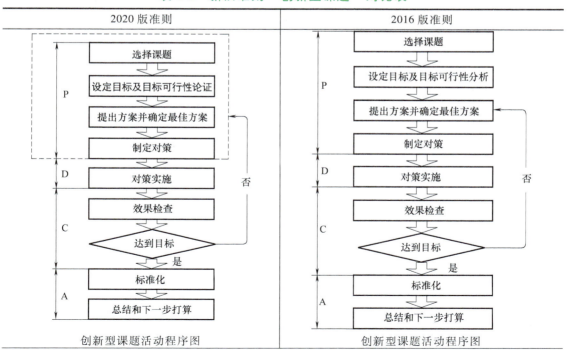

创新型课题活动程序图

（续）

2020版准则	2016版准则
4.2.2　选择课题 4.2.2.1　课题来源 　　小组针对现有的技术、工艺、技能、方法等**无法满足内、外部顾客及相关方的需求**,运用新思维选择的创新课题。	4.2.2　选择课题 4.2.2.1　课题来源 　　小组针对现有的技术、工艺、技能、方法等**无法实现或满足工作任务的实际需求**,运用新思维选择的创新课题。
4.2.2.2　选题要求 　　小组选题应满足以下要求： 　　a) 针对需求,**通过广泛借鉴,启发小组创新的灵感、思路、方法等**,研制新的产品、服务、方法、软件、工具及设备等； 　　b) 课题名称应直接描述研制对象； 　　c) 必要时,论证课题的可行性。	4.2.2.2　选题要求 　　小组选题应满足以下要求： 　　a) 针对需求,借鉴查新不同行业或类似专业中的知识、信息、技术、经验等,研制(**发**)新的产品、服务、方法、软件、工具及设备等； 　　b) 课题名称应直接描述研制对象； 　　c) 必要时,论证课题的可行性。
4.2.3　设定目标及目标可行性**论证** 4.2.3.1　设定目标 　　设定目标满足以下要求： 　　a) 与**课题需求**保持一致； 　　b) **目标可测量、可检查**； 　　c) 目标设定不宜多。	4.2.3　设定目标及目标可行性**分析** 4.2.3.1　设定目标 　　**小组围绕课题目的设定目标**,目标设定应满足以下要求： 　　a) 与**课题所达到的目的**保持一致； 　　b) **将课题目的转化为可测量的课题目标**； 　　c) 目标设定不宜多。
4.2.3.2　目标可行性**论证** 　　小组应对设定的课题目标,进行可行性**论证**； 　　a) **依据借鉴的相关数据进行论证**； 　　b) 依据事实和数据,进行定量分析与判断。	4.2.3.2　目标可行性**分析** 　　小组应针对设定的课题目标,进行目标可行性**分析**； 　　a) **将借鉴的相关数据与设定目标值进行对比和分析**； 　　b) **分析小组拥有的资源、具备的能力与课题的难易程度**； 　　c) 依据事实和数据,进行定量分析与判断。
4.2.4　提出方案并确定最佳方案 4.2.4.1　提出方案 　　小组针对课题目标,**根据借鉴内容**,提出方案应： 　　a) 提出可能达到**课题目标**的各种方案,并对所有的方案进行整理； 　　b) 方案包括总体方案与分级方案,总体方案应具有创新性和相对独立性；分级方案应具有可比性,以供比较和选择。	4.2.4　提出方案并确定最佳方案 4.2.4.1　提出方案 　　小组针对课题目标,提出方案应： 　　a) 提出可能达到**预定目标**的各种方案,并对所有的方案进行整理； 　　b) 方案包括总体方案与分级方案,总体方案应具有创新性和相对独立性；分级方案应具有可比性,以供比较和选择。
4.2.4.2　确定最佳方案 　　小组对所有整理后的方案进行**评价和比较**,确定最佳方案： 　　a) 方案分解应逐层展开到可以实施的具体方案； 　　b) **应基于现场测量、试验和调查分析的事实和数据**,对每个方案进行逐一评价和选择。	4.2.4.2　确定最佳方案 　　小组对所有整理后的方案进行**比较和评价**,确定最佳方案： 　　a) 方案分解应逐层展开到可以实施的具体方案； 　　b) **方案评价应用事实和数据对经过整理的方案进行逐一分析和论证**； 　　c) **方案确定方式包括现场测量、试验和调查分析**。

（续）

2020版准则	2016版准则
4.2.5 制定对策 小组制定对策应： a) 将方案分解中选定的可实施的具体方案，逐项纳入对策表； b) 按 5W1H 要求制定对策表，对策即可实施的具体方案，目标可测量、可检查，措施可操作。	4.2.5 制定对策 小组制定对策应： a) 针对在最佳方案分解中确定的可实施的具体方案，逐项制定对策； b) 按 5W1H 制定对策表，对策明确、对策目标可测量、措施具体。
4.2.6 对策实施 小组实施对策应： a) 按照制定的对策表逐条实施； b) 每条**对策**实施后，**应确认相应目标的完成情况，未达到目标时，应修改措施，并按新措施实施**； c) 必要时，验证对策实施结果在安全、质量、管理、成本、**环保**等方面的负面影响。	4.2.6 对策实施 小组实施对策应： a) 按照制定的对策表逐条实施**方案**； b) 每条**方案**措施实施后，**检查相应方案目标的实施效果及其有效性，必要时应调整、修正措施**； c) 必要时，验证对策实施结果在安全、质量、管理、成本等方面的负面影响。
4.2.7 效果检查 所有对策实施完成后，小组应进行效果检查： a) 检查课题目标的完成情况； b) 必要时，确认小组创新成果的经济效益和社会效益。	4.2.7 效果检查 所有对策实施完成后，小组应进行效果检查： a) **检查小组设定的目标，确认课题目标的完成情况**； b) 必要时，确认小组创新成果的经济效益和社会效益。
4.2.8 标准化 小组应对创新成果的推广应用价值进行评价，并进行处置： a) 对有推广应用价值的创新成果进行标准化，形成相应的技术标准（设计图纸、工艺文件、作业指导书）或管理制度； b) 对专项或一次性的创新成果，将创新过程相关资料整理存档。	4.2.8 标准化 小组应对创新成果的推广意义和价值进行评价： a) 对有推广价值、经实践证明有效的创新成果进行标准化，形成相应的技术标准、图纸、工艺文件、作业指导书或管理制度等； b) 对专项或一次性的创新成果，将创新过程相关材料存档**备案**。
4.2.9 总结和下一步打算 小组应对活动全过程进行回顾和总结，并提出今后打算，包括： a) 从创新角度对在专业技术、管理**方法**和小组成员**综合**素质等方面进行全面的回顾，总结小组活动的创新特色与不足； b) 提出下一次活动课题。	4.2.9 总结和下一步打算 小组应对活动全过程进行总结，有针对性地提出今后打算。包括： a) 从创新角度对在专业技术、管理**技术**和小组成员素质等方面进行全面的回顾**和总结**，找出小组活动的创新特色与不足； b) **继续选择新的课题开展改进和创新活动**。

1.3 附录变化点

1.3.1 附录 A 变化点

附录 A 变化点见表 1-4。

7

表 1-4 新旧准则"附录 A"对比表

2020 版准则

表 A.1　质量管理小组活动常用统计方法汇总表

序号	活动程序	分层法	调查表	排列图	头脑风暴法	亲和图	因果图	树图	关联图	水平对比法	流程图	PDPC法	简易图表	直方图	散布图	控制图	优选法	正交试验设计法	矩阵图	箭条图
1	选择课题	●	●	●	○	○				○	○		●		○				○	
2	现状调查（自定目标课题）	●	●	●							○		○	○	○	○				
3	设定目标		○										●							
4	目标可行性论证（指令性目标课题）	●	●	●									●	○						
5	原因分析				○		●	●	●											
6	确定主要原因		○										●		●	●				
7	制定对策				○	○		○				○					○	○	○	○
8	对策实施																			
9	效果检查	●	○	○									●	○	○	○				
10	制定巩固措施										○		●			○				
11	总结和下一步打算	○	○								○		●							

注 1：●表示经常用，○表示可用。
注 2：简易图表包括：折线图、柱状图、饼分图、甘特图、雷达图。

2016 版准则

表 A.1　质量管理小组活动常用统计方法汇总表

序号	活动程序	老七种工具							新七种工具							其他方法					
		分层法	调查表	排列图	因果图	直方图	控制图	散布图	树图	关联图	亲和图	矩阵图	矢线图	PDPC法	矩阵数据分析法	简易图表	正交试验设计法	优选法	水平对比法	头脑风暴法	流程图
1	选择课题	●	●	●			○	○								●			○	●	○
2	现状调查	●	●	●		○	○	○								○					
3	设定目标		○													●				●	
4	原因分析				●				●	●	●									●	
5	确定主要原因		○																		
6	制定对策																				
7	对策实施	○									○	○		●		○	○	○		●	○
8	效果检查		○	○		○	○	○								●					
9	制定巩固措施		○				○									●					○
10	总结和下一步打算		○													●			○	○	

注 1：●表示特别有效，○表示有效。
注 2：简易图表包括：折线图、柱状图、饼分图、甘特图、雷达图。

1.3.2 附录 B 变化点

附录 B 变化点见表 1-5。

表 1-5　新旧准则"附录 B"对比表

2020 版准则				
表 B.1　质量管理小组活动现场评审表				
序号	评审项目	评审方法	评审内容	分值
1	质量管理小组的组织	查看记录	（1）小组和课题进行注册登记； （2）小组活动时，小组成员出勤及参与各步骤活动情况； （3）小组活动计划及完成情况	10 分
2	活动情况与活动记录	听取介绍 查看记录 现场验证	（1）活动过程按质量管理小组活动程序开展； （2）活动记录（包括各项原始数据、统计方法等）保存完整、真实； （3）活动记录的内容与发表材料一致	30 分
3	活动真实性与有效性	现场验证 查看记录	（1）小组课题对技术、管理、服务的改进点有改善； （2）各项改进在专业方面科学有效； （3）取得的经济效益得到相关部门的认可； （4）统计方法运用适宜、正确	30 分
4	成果的维持与巩固	查看记录 现场验证	（1）小组活动课题目标达成，有验证依据； （2）改进的有效措施或创新成果已纳入有关标准或制度； （3）现场已按新标准或制度执行； （4）活动成果应用于生产和服务实践	20 分
5	质量管理小组教育	提问或考试	（1）小组成员掌握质量管理小组活动程序； （2）小组成员对方法的掌握程度和水平； （3）通过本次活动，小组成员的专业技术、管理方法和综合素质得到提升	10 分

表 B.2　问题解决型课题成果评审表			
序号	评审项目	评审内容	分值
1	选题	（1）所选课题与上级方针目标相结合，或是本小组现场急需解决的问题； （2）课题理由明确、用数据说明； （3）现状调查（自定目标课题）为设定目标和原因分析提供依据；目标可行性论证（指令性目标课题）为原因分析提供依据； （4）目标可测量、可检查	15 分
2	原因分析	（1）针对问题或症结分析原因，逻辑关系清晰、紧密； （2）每一条原因已逐层分析到末端，能直接采取对策； （3）针对每个末端原因逐条确认，以末端原因对问题或症结的影响程度判断主要原因； （4）判定方式为现场测量、试验和调查分析	30 分

(续)

序号	评审项目	评审内容	分值
3	对策与实施	(1) 针对主要原因逐条制定对策;进行多种对策选择时,有事实和数据为依据; (2) 对策表按 5W1H 要求制定; (3) 按照对策表逐条实施,并与对策目标进行比较,确认对策效果; (4) 未达到对策目标时,有修改措施并按新的措施实施	20分
4	效果	(1) 小组设定的课题目标已完成; (2) 确认小组活动产生的经济效益和社会效益实事求是; (3) 实施的有效措施已纳入相关标准或管理制度等; (4) 小组成员的专业技术、管理方法和综合素质得到提升,并提出下一步打算	20分
5	成果报告	(1) 成果报告真实,有逻辑性; (2) 成果报告通俗易懂,以图表、数据为主	5分
6	特点	(1) 小组课题体现"小、实、活、新"特色; (2) 统计方法运用适宜、正确	10分

表 B.3 创新型课题成果评审表

序号	评审项目	评审内容	分值
1	选题	(1) 选题来自内、外部顾客及相关方的需求; (2) 广泛借鉴,启发小组创新灵感、思路和方法; (3) 设定目标与课题需求一致,目标可测量、可检查; (4) 依据借鉴的相关数据论证目标可行性	20分
2	提出方案并确定最佳方案	(1) 总体方案具有创新性和相对独立性,分级方案具有可比性; (2) 方案分解已逐层展开到可以实施的具体方案; (3) 用事实和数据对每个方案进行逐一评价和选择; (4) 事实和数据来源于现场测量、试验和调查分析	30分
3	对策与实施	(1) 方案分解中选定可实施的具体方案,逐项纳入对策表; (2) 按 5W1H 要求制定对策表,对策即可实施的具体方案,目标可测量、可检查,措施可操作; (3) 按照制定的对策表逐条实施; (4) 每条对策实施后,确认相应目标的完成情况,未达到目标时有修改措施,并按新措施实施	20分
4	效果	(1) 检查课题目标的完成情况; (2) 确认小组创新成果的经济效益和社会效益实事求是; (3) 有推广应用价值的创新成果已形成相应的技术标准或管理制度,对专项或一次性的创新成果,已将创新过程相关资料整理存档; (4) 小组成员的专业技术和创新能力得到提升,并提出下一步打算	15分
5	成果报告	(1) 成果报告真实,有逻辑性; (2) 成果报告通俗易懂,以图表、数据为主	5分
6	特点	(1) 充分体现小组成员的创造性; (2) 创新成果具有推广应用价值; (3) 统计方法运用适宜、正确	10分

(续)

2016版准则

表 B.1　质量管理小组活动现场评审表

序号	评审项目	评审方法	评审内容	分值
1	质量管理小组的组织	查看记录	（1）小组和课题进行注册登记； （2）小组活动时，小组成员出勤情况； （3）小组成员参与组内分工情况； （4）小组活动计划及完成情况	10分
2	活动情况与活动记录	听取介绍交流沟通查看记录现场验证	（1）活动过程按质量管理小组活动程序开展； （2）活动记录（包括各项原始数据、调查表、记录等）保存完整、真实； （3）制定各阶段活动详细计划，每阶段按计划完成； （4）活动记录的内容与发表材料一致	30分
3	活动真实性和活动有效性	现场验证查看记录	（1）小组课题对工艺、技术、流程、管理、服务的改进点有改善； （2）各项改进在专业技术方面科学有效； （3）取得的经济效益得到财务部门的认可； （4）无形效益得到验证； （5）统计方法运用正确、适宜	30分
4	成果的维持与巩固	查看记录现场验证	（1）小组活动课题目标达成，有验证依据； （2）改进的有效措施已纳入有关标准或制度； （3）现场已按新标准或制度作业，成果巩固保持在较好水准； （4）活动成果应用于生产和服务实践，取得效果，其他相类似岗位、部门有推广和借鉴	20分
5	质量管理小组教育	提问或考试	（1）小组成员掌握质量管理小组活动内涵与活动程序； （2）小组成员对方法的掌握程度和水平； （3）通过本次活动，小组成员质量管理知识和技能水平得到提升	10分

表 B.2　问题解决型课题成果**发表**评审表

序号	评审项目	评审内容	分值
1	选题	（1）所选课题与上级方针目标相结合，或是本小组现场急需解决的问题； （2）课题名称简洁明确，直接针对所存在的问题； （3）现状调查数据充分，并通过分析明确问题或问题症结； （4）现状调查为制定目标提供依据； （5）目标设定有依据、可测量； （6）工具运用正确、适宜	15分
2	原因分析	（1）针对问题或问题症结分析原因，因果关系要明确、清楚； （2）原因分析到可直接采取对策的程度； （3）主要原因从末端因素中选取； （4）对所有末端因素逐一确认，将末端因素对问题或问题症结的影响程度作为判定主要原因的依据； （5）工具运用正确、适宜	25分

(续)

序号	评审项目	评审内容	分值
3	对策与实施	(1)针对所确定的主要原因,逐条提出不同对策,必要时进行对策多方案选择; (2)对策按"5W1H"原则制定; (3)每条对策在实施后检查对策目标是否完成; (4)工具运用正确、适宜	25分
4	效果	(1)将取得效果与实施前现状比较,确认改进的有效性,与所制定的目标比较,检查是否已达到; (2)取得经济效益的计算实事求是; (3)必要时,对无形效果进行评价; (4)实施中的有效措施已纳入有关标准,并按新标准实施; (5)改进后的效果能维持、巩固在良好的水准,并有数据依据; (6)工具运用正确、适宜	20分
5	发表	(1)成果报告真实,有逻辑性; (2)成果报告通俗易懂,以图表、数据为主	5分
6	特点	(1)小组课题体现"小、实、活、新"特色,即选题小、活动实、活动形式灵活、活动方式新颖; (2)统计方法应用有创新和效果	10分

表 B.3 创新型课题成果**发表**评审表

序号	评审项目	评审内容	分值
1	选题	(1)题目选定有创新; (2)选题借鉴已有的知识、经验等; (3)目标具挑战性,有量化的目标和可行性分析	20分
2	提出方案并确定最佳方案	(1)提出的总体方案具有独立性,分级方案具有可比性; (2)方案分解应逐层展开到可以实施的具体方案; (3)用事实和数据对经过整理的方案进行逐一分析、论证和评价; (4)用现场测量、试验和调查分析的方式确定最佳方案; (5)工具运用正确、适宜	30分
3	对策与实施	(1)按5W1H原则制定对策表,对策明确、对策目标可测量、措施具体; (2)针对在最佳方案分解中确定的可实施的具体方案,逐项制定对策; (3)按照制定的对策表逐条实施方案; (4)每条方案措施实施后,检查相应方案目标的实施效果及其有效性,必要时应调整、修正措施; (5)工具运用正确、适宜	20分
4	效果	(1)检查小组设定的目标,确认课题目标的完成情况; (2)必要时,确认小组创新成果的经济效益和社会效益; (3)将有推广价值的创新成果进行标准化,形成相应的技术标准、图纸、工艺文件、作业指导书或管理制度等; (4)对专项或一次性的创新成果,将创新过程相关材料存档备案	15分
5	发表	(1)成果报告真实,有逻辑性; (2)成果报告通俗易懂,以图表、数据为主	10分
6	特点	充分体现小组成员的创造性,成果有启发和借鉴意义	5分

第2章　质量管理活动中常用的统计方法（结合实例）

2.1　常用统计方法简介

1. 常用统计方法

统计方法是统计技术中的具体方法。如控制图、直方图和散布图，都是统计技术中的具体方法。

本书的统计方法不讲统计技术的理论基础——概率论，也不讲对统计结果的分析，只讲操作步骤。

20世纪70年代质量管理专家开发了因果图、排列图、调查表、直方图、散布图、控制图和分层法等统计方法，这些统计方法针对基层工人和初级技术人员的工作特点进行开发，使他们不需要掌握概率论知识也能完成统计，为统计技术的推广应用提供了方便。

为了在质量管理小组活动中推行这些统计方法，《质量管理小组活动准则》（T/CAQ 10201—2020）给出了质量管理小组活动常用统计方法汇总表见表2-1，表2-1中给出了QC小组活动的各个阶段使用哪种统计方法更为适宜的推荐和建议，可以供QC小组活动开展工作时参考。

表 2-1　质量管理小组活动常用统计方法汇总表

序号	活动程序	分层法	调查表	排列图	头脑风暴法	亲和图	因果图	树图	关联图	水平对比法	流程图	PDPC法	简易图表	直方图	散布图	控制图	优选法	正交试验设计法	矩阵图	箭条图
1	选择课题	●	●	●	○					●			●		●	●			○	
2	现状调查（自定目标课题）	●	●	●						●			●		●	●				
3	设定目标		○							●										
4	目标可行性论证（指令性目标课题）	●	●	●						●			●		●	●				
5	原因分析				○		●	●	●											

(续)

序号	活动程序	分层法	调查表	排列图	头脑风暴法	亲和图	因果图	树图	关联图	水平对比法	流程图	PDPC法	简易图表	直方图	散布图	控制图	优选法	正交试验设计法	矩阵图	箭条图
6	确定主要原因		○										●	○	●					
7	制定对策	○			○	○	○			○	○						○	○	○	○
8	对策实施																				
9	效果检查	●	○	●						○			●			○				
10	制定巩固措施		○								○		●			○				
11	总结和下一步打算	○	○							○			●							

注：1. ●表示经常用，○表示可用。
   2. 简易图表包括：折线图、柱状图、饼分图、甘特图、雷达图。

2. 统计方法应用注意事项

（1）正确使用统计方法的标准如下：

1）选用统计方法的目的是有利于得到准确的结论。

2）评价统计方法的标准是有效的。

3）统计方法应该先学后用，学会再用，学以致用。

4）工具重在 QC 活动过程中"使用"，不要事后编造。

（2）统计方法是分析问题和改进质量的手段，而不是目的，应在 QC 活动的不同阶段选择适宜的统计方法。

（3）在运用统计工具过程中，当遇到收集数据不顺利时，建议如下：

1）明确要收集什么数据，了解数据的特性值。

2）收集有用的数据，避免收集所有数据。

3）试着做张调查表，明确数据的特性值和获取数据的方式，然后再进行数据收集。

2.2 分层法

1. 基本概念

分层法（Stratification）也称分类法或分组法，是一种把课题对象总体按特性分组，对繁杂数据进行分类、归类、整理、汇总和分析，从而找出规律、反映真相的方法。因此，在 QC 小组活动中，经常应用分层法对收集到的质量数据进行分类、整理和分析，找出产品质量波动的真正原因和发展变化的规律。

2. 分层的原则

分层的原则是使同一层内的数据波动幅度尽可能小，将相同、相近类型或同性质的数据分在同一层。而层与层之间的差别尽可能大，否则就起不到归类、汇总的作用。分层的目的不同，分层的标志也不一样。一般来说，可采用以下类别来进行分层分析：

人员：可按年龄、文化程度、操作熟练程度、性别、班组等分层。
设备：可按设备类型、新旧程度、生产线效率和工装夹具类型等分层。
材料：可按产地、批号、厂家、规格、成分等分层。
方法：可按不同的工艺要求、操作参数、操作方法、生产速度等分层。
测量：可按测量设备、测量方法、测量人员、测量取样方法和环境条件等分层。
时间：可按不同的班次、日期、小时、天、月来分层。
环境：可按照明度、清洁度、温度、湿度等分层。
其他：可按地区、使用条件、缺陷部位、缺陷内容等分层。

分层方法很多，可根据具体情况灵活运用，建议多维度、多层次进行分层。

3. 应用步骤

1) 明确需要解决的问题，确定收集数据的类型。
2) 将采集到的数据根据不同目的按照分层原则选择分层类别。
3) 收集到足够且能确实反映质量问题的数据。
4) 根据分层类别对数据进行分层。
5) 将分层后的数据按层归类并绘制出分层归类图。
6) 对分层后的数据，根据归类图（表）进行进分析、寻找规律、发现问题。

4. 应用举例

例：某 QC 小组在解决内墙粉刷一次验收合格率不高的问题时进行了分层分析。

QC 小组成员在 8 月 2 日至 8 月 3 日对已施工完成的三栋叠加别墅楼进行统计，对 15 号楼、16 号楼、17 号楼内墙粉刷质量进行统计，发现一次验收合格率平均为 85%，达不到工期要求和业主要求一次验收合格率 90% 的要求。15 号楼共统计 250 个点，37 个点不合格；16 号楼共统计 250 个点，40 个点不合格；17 号楼共统计 250 个点，35 个点不合格。检查记录范例见表 2-2。

表 2-2　合格率统计表

楼号	15 号楼	16 号楼	17 号楼
检查点数(个)	250	250	250
合格点数(个)	213	210	215
不合格点数(个)	37	40	35
合格率(%)	85	84	86
平均合格率(%)	85		

（制表人：×××　制表时间：××××年××月××日）

经统计分析发现各楼合格率相差不大，因此不合格不是偶发现象，且平均合格率仅为 85%。

随后对内墙粉刷存在的质量问题进一步进行分类统计，归纳为五类问题：①墙面空鼓开裂、面层起砂；②墙面垂直平整度不合格；③阴阳角不顺直；④抹面层起砂；⑤其他问题。小组对不合格点数的统计分析范例见表 2-3。

表 2-3 内墙粉刷质量问题调查表

序号	质量缺陷	频数（点）	频率（%）	累计频率（%）
1	墙面空鼓开裂、面层起砂	67	59.82	59.82
2	墙面垂直平整度不合格	12	10.71	70.53
3	阴阳角不顺直	12	10.71	81.24
4	抹面层起砂	11	9.82	91.07
5	其他问题	10	8.93	100
合计		112	100	

（制表人：××× 制表时间：××××年××月××日）

2.3 调查表

1. 基本概念

调查表（Data-collection Form）也称检查表，是用来系统地收集资料和积累数据、确认事实并对数据进行粗略整理和分析的统计图表。由于调查表使用简便，既能够按统一的方式收集资料，又便于直观分析，因此，在质量管理活动中（特别是在 QC 小组活动、质量分析和质量改进中）得到了广泛的应用。

2. 调查表应用步骤

在 QC 小组活动中使用调查表步骤如下：

1）根据小组活动的目标，确定收集资料的目的。
2）根据收集资料的目的，确定收集资料的种类和范围。
3）确定对资料的分析方法和责任人。
4）根据不同目的，设计调查表格式。
5）对所获资料进行初步分析，检查调查表格式的设计是否合理。
6）对调查表进行评审，如发现调查表使用不当，或不能反映质量问题的实质，则应重新设计调查表，进行进一步调查。

3. 常用调查表的格式及应用

调查表的格式多种多样，可根据调查的目的和质量问题的实质，灵活设计和使用。常用的调查表有不合格品项目调查表、质量数据分布调查表和矩阵调查表等。

（1）不合格品项目调查表 不合格品项目调查表主要用来调查和记录生产现场不合格品项目频数，根据调查的结果统计分析不合格品率，绘制调查表的示例见表 2-4。

表 2-4 ××螺杆长度数据分布调查表

调查者：××× 地点：××车间 时间：××××年××月××日

频数（个）	1	4	13	26	36	24	14	5	2	1	0
					正						
				一	正						
				正	正	止					

(续)

频数（个）	1	4	13	26	36	24	14	5	2	1	0
				正	正	正					
			正	正	正	正	正				
			正	正	正	正	正				
		正	正	正	正	正	正	正			
	一	止	正	正	正	正	正	正	正	一	
	6.0	6.1	6.2	6.3	6.4	6.5	6.6	6.7	6.8	6.9	7.0（cm）

（制表人：××× 制表时间：××××年××月××日）

（2）**质量数据分布调查表** 质量数据分布调查表主要用于对计量数据进行现场调查。一般根据以往的经验和资料，将反映产品的某一质量特性的数据分布范围分成若干区间，并以此制成表格，用以记录和统计数据落在某一区间的频数。

例：某 QC 小组在解决检查井井盖安装验收一次合格率低的问题的过程中，根据已完工工程现场调查，对质量缺陷制作出如下调查表见表 2-5，从调查表可以看出"井口与路面高差超标"这项缺陷，占不合格总数的 72.58%，是影响检查井井盖安装质量的主要因素。

表 2-5 井盖安装质量缺陷调查表

序号	检查项目	频次（次）	累计（次）	频率（%）	累计频率（%）
1	井口与路面高差超标	45	45	72.58	72.58
2	井框井算吻合度	4	49	6.45	79.03
3	井盖安装方向不合格	3	52	4.84	83.87
4	井盖偏位	3	55	4.84	88.71
5	井盖类型错误	3	58	4.84	93.55
6	其他	4	62	6.45	100.00

（制表人：××× 制表时间：××××年××月××日）

（3）**矩阵调查表** 矩阵调查表是一种多因素调查表，要求把产生问题的对应因素分别排列成行和列，在其交叉点上标出调查到的各种缺陷、问题和数量。

例：以下是某厂两台冲压机生产的冲压件外观质量调查表见表 2-6。从表中可以看出：$2^\#$ 机发生的外观质量缺陷较多。进一步分析原因，是由于 $2^\#$ 机不注意维护保养所致。6 月 18 日两台冲压机所生产的产品外观质量缺陷都比较多，而且"表面不光洁"缺陷尤为严重。经调查分析，是当天的原材料质量波动所致。

表 2-6 冲压件外观质量调查表

调查者：×××　时间：××××年×月×日
地点：××厂××车间　调查方式：实地观测

机号	6月15日		6月16日		6月17日		6月18日		6月19日		6月20日	
	上午	下午	上午	下午	上午	下午	上午	下午	上午	下午	上午	下午
1	○● ×○	●□	○○	×□ ×	△○ △×	○	○○○ ○●△ ○○	○○● △△○ ○△	□○	○	○△	×× ●

（续）

机号	6月15日		6月16日		6月17日		6月18日		6月19日		6月20日	
	上午	下午	上午	下午	上午	下午	上午	下午	上午	下午	上午	下午
2	○●△	○○○○×	○××××	●●●△△	○●△	○○×××	○●△○○	○○○●△○○○	×●○○	×○△□	○○×	×□

缺陷符号：○表面不光洁　△毛边　●疵点　×变形　□其他

4. 应用注意事项

（1）设计调查表时应正确分层　避免记录数据时造成数据混杂，从而无法进行归纳分析。

（2）调查表的形式及记录方法应简单　由于调查表的实际记录者一般是基层员工，如果形式太复杂可能会增加记录者的工作量，从而可能会造成伪数据、假数据的增加。

（3）收集的数据应及时处理　数据是在一定的条件下收集的，凡是数据都有一定的时效性，这些条件随着时间的变迁可能会有所变化，所以当数据收集完成后，必须及时处理，才能保证反馈信息的有效性，进而反映真实情况。

2.4　排列图

1. 基本概念

排列图（Pareto Diagram）也称帕累托图，是将质量改进项目从最重要到最次要顺序排列的一种图表。排列图由一个横坐标、两个纵坐标、几个按高低顺序（"其他"项例外）排列的矩形和一条累计百分比折线组成，如图2-1所示。

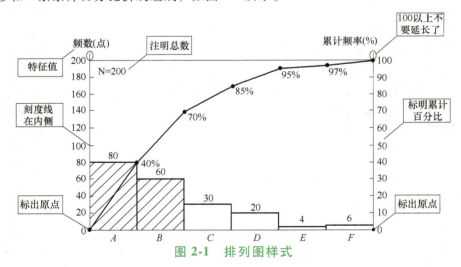

图 2-1　排列图样式

排列图建立在帕累托原理的基础上，帕累托原理是意大利经济学家帕累托（Pareto）在分析意大利社会财富分布时得到的"关键的少数和次要的多数"结论。

运用帕累托原理，就意味着在质量改进项目中，少数的关键项目在事物的发展中往往起着主要的、决定性的作用,而多数的次要项目并不对事物的发展产生很大的影响。因此,运用排列图区分重要的和次要的项目,就可以用最少的人力、物力、财力的投入,获得最大的质量改进效果。

排列图的主要用途是:

(1) 识别重点　按重要顺序显示出每个质量改进项目对整个质量问题的影响。

(2) 识别进行质量改进的机会

(3) 检查改进效果　在实施改进措施后,用排列图进行前后对比,以此来说明改进措施的有效性。

2. 应用步骤

(1) 确定分析项目　选择要进行质量分析的项目或质量问题。

(2) 明确度量　选择用来进行质量分析的度量单位,如出现的次数(频数、点数)、成本、金额或其他。

(3) 确定分析周期　选择进行质量分析数据的时间间隔。

(4) 收集数据制作统计表　按照确定的时间周期及进行分析的变量项目,收集整理相关数据,编制数据统计表见表 2-7,计算出各变量项目的百分比及累计百分数。

表 2-7　内墙粉刷质量调查表

序号	质量缺陷	频数(点)	频率(%)	累计频率(%)
1	空鼓开裂	67	59.82	59.82
2	墙面垂直平整不合格	12	10.71	70.53
3	阴阳角不方正、不顺直	12	10.71	81.24
4	抹面层起砂	11	9.82	91.07
5	其他问题	10	8.93	100
合计		112	100	

(制表人:×××　制表时间:××××年××月××日)

(5) 绘制排列图

1) 绘制横坐标。按度量单位量值递减的顺序自左至右在横坐标上列出项目,将量值较小的几个项目归并成"其他"项,放在最右端。

2) 绘制纵坐标。在横坐标的两边绘制两个纵坐标,左边的纵坐标为频数坐标,高度按度量单位标定,其高度必须与所有项目的量值总和等高;右边的纵坐标为百分比坐标,其高度与左边的纵坐标量值总和等高,并从 0%~100% 进行标定。

3) 绘制矩形。在每个项目上绘制矩形,矩形的高度表示该项目度量单位的量值,显示出每个项目的影响大小。

4) 绘制累计百分比曲线。由左到右累加每个项目的量值(以%表示),并绘制出累计频率曲线(帕累托曲线),用来表示各个项目的累计影响。

(6) 确定结论　用排列图确定质量改进最为重要的项目(关键的少数项目)。

3. 应用举例

根据以上不合格点数统计表作了排列图,如图 2-2 所示。

根据调查表绘制排列图。根据排列图分析,影响内墙粉刷质量的症结是"空鼓开裂",频率为 59.82%,成为影响内墙粉刷质量的主要问题。

4. 应用注意事项

1）一般来讲，收集数据应在 50 个以上，数据过少可能会影响结果的准确度。关键的少数项目应是本 QC 小组有能力解决的最突出的项目，否则就失去了找主要矛盾的意义。

2）纵坐标可以用频数 N 来表示，以便于找到"主要项目"为原则。

3）不太重要的项目很多时，横轴会变得很长，通常把排在最末尾的频数很小的一些项目加起来作为"其他"项，因此"其他"项不能为"1"，通常排在最后。

4）排列图项目一般应多于 3 项，最多不宜超过 9 项。当项目较少（3 项及 3 项以下）时可用饼分图、柱状图等简易图表示，这样更为简单。如果将尾数项合并为"其他"项后仍在 10 项以上时，往往会突出不了"关键的少数"。

5）确定了关键项目进行改进后，为了检查改进效果，还可以重新收集数据并绘制出排列图再进行改进前后的比较。

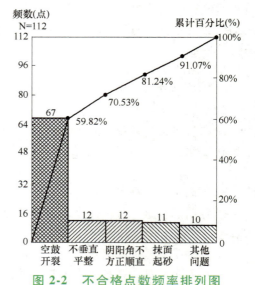

图 2-2　不合格点数频率排列图

（制图人：×××　制图时间：××××年××月××日）

2.5　头脑风暴法

1. 基本概念

头脑风暴法（Brain storming）是 1941 年由美国 BBDO 广告公司的副经理亚历克斯·奥斯本为提出广告新设想而创立的一种会议方式。把人召集起来，就广告新设想这个议题，在和谐的氛围下，自由、无拘无束地发表意见，通过互相启发、举一反三地激发每个人的思想火花，产生连锁反应，即是发挥集体智慧的一种方法。

头脑风暴法是建立在以下理念之上的。人体约有 140 亿～150 亿个脑细胞，而经常使用的、有思维机能的脑细胞仅为 10%（约 14 亿个），其余的 90% 脑细胞处于休眠状态，也就是人们的潜力远远没有被挖掘出来。通过刺激那些休眠脑细胞，使其复苏并发挥思维机能，就可以达到创造更多智慧的目的。

应用头脑风暴法可达到以下效果：

（1）尽可能地发挥 QC 小组的创造力　先由一个人发言，提出一个建议，抛砖引玉，启发大家的灵感，产生连锁反应效果。

（2）提高创造力　对于没有自信的人，通过头脑风暴法，可以使其积极思考、提高自信心，从而达到全员参与思考、产生智慧火花的目的，树立起"只要做就能成"的自信心。

（3）促进相互间的理解　创造畅所欲言的氛围，形成良好的沟通渠道，改善人际关系，达到提高积极性的间接效果。

2. 用途

头脑风暴法是发挥集体智慧的方法,能创造出更多的智慧,因此常用于新产品、新工艺、新材料的开发。在 QC 小组活动中,被广泛使用于创新型课题的选题、提出多种方案等,用途很广。在问题解决型 QC 小组活动中常用于选择课题、原因分析、制订对策等程序中。

3. 注意的问题

要达到头脑风暴法的理想效果,在召开头脑风暴会议时要掌握以下关键点:

(1) 绝对不用好与差给予评判　当人们的发言遭到批评后,一般就会不愿再说出未说完的话。因此不要评判建议内容的优劣,不要指责别人的发言妥否,同时也不要加以赞扬。

(2) 倡导自由奔放　鼓励出新出奇,哪怕异想天开,要的是自由自在、畅所欲言。

(3) 轻质求量　首先要确保建议的数量,建议的质量是第二位的,因为数量是质量的基础,应力求在较短的时间内提出最大量的建议。

(4) 综合性地提炼升华他人的提案建议　建议之间的取长补短极为重要,通过融合,能产生出新的智慧,因此搭乘他人的"智慧快车",不失为一种捷径。

2.6　亲和图

1. 基本概念

亲和图（Affinity Diagram）也称 A 型图解,是 KJ 法中的一种,如图 2-3 所示。亲和图是把收集到的有关某一特定主题的意见、观点、想法和问题,按它们间的相互亲近程度加以整理、归类、汇总的一种图示技术。

在 QC 小组活动中,亲和图常用于归纳、整理由头脑风暴法所产生的各种意见、观点和想法等语言资料。

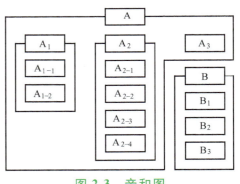

图 2-3　亲和图

2. 主要用途

1) 对杂乱的问题进行归纳、整理见解,提出明确的看法和见解。

2) 研究新情况、发现新问题,掌握尚未经历或认识的事实,寻找其内在关系。

3) 打破常规、构思新意,构成新的见解、思想和方法。

4) 可以用于既定目标的展开落实,通过决策层与员工共同讨论、研究,发挥集体智慧,贯彻展开措施。

5) 用于统一思想,通过将个人的不同意见汇总、归纳,发现意见分歧原因,促进有效合作。

3. 应用步骤

(1) 确定主题　参加讨论的 QC 小组成员最多不应超过 10 人。QC 小组的组织者应月通俗语言（非专业术语）讲明将要讨论研究的问题,并得到每位成员的确认,便于统一思想。

(2) 收集语言资料　采用集体讨论、面谈、阅览、独立思考、观察等方法收集语言资料。常见的头脑风暴法也是比较有效的语言资料收集方法。

（3）制作语言资料卡片　尽量做到每张卡片只记录一条意见、一个观点和一种想法。这样便可以形成许多卡片。

（4）汇总、整理卡片　反复阅读卡片，把有关联的卡片归在一起，并找出或另写出一张能代表该组内容的主卡片，把主卡片放在最上面，进行标识分类。按类将卡片中的信息加以登记、汇总。

（5）绘制亲和图　把分类卡片按照相互关系进行展开排列，使各类间位置能清晰地显示出相互关系，并用适当的记号、框线加以标识，绘制出亲和图。

（6）报告结论　根据绘制的亲和图，写出书面分析报告，指明结论。

4. 应用举例

某QC小组在"钢结构外墙保温施工新方法"的课题中，针对提出的最佳方案"预制U型卡槽安装岩棉板"进行具体分解，QC小组成员展开了专题讨论，提出"预制U型卡槽安装岩棉板"方案的分解，如图2-4所示。

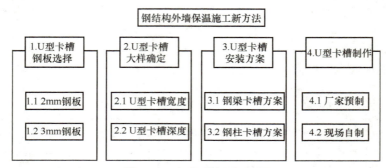

图 2-4　方案分解亲和图

2.7　因果图

1. 基本概念

因果图（Cause-and-effect Diagram）是表示质量特性波动与其潜在原因的关系，即表达和分析因果关系的一种图表，是日本人石川馨所创，又称石川图。由于其形状像鱼骨，也称鱼骨图。运用因果图有利于找到问题症结的原因，便于"对症下药"。因果图在质量分析和质量改进中有着广泛的用途。

因果图的一般形式如图2-5所示。

2. 应用步骤

1）明确问题。即确定需要解决的质量问题，如气缸孔超差、混凝土裂缝、接口渗漏等。

2）确定原因类别。一般是从"5M1E"因素入手，即人、设备、材料、方法、测量、环境。确定原因类别的目的是使原因分析得更系统，避

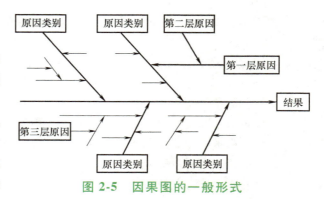

图 2-5　因果图的一般形式

免遗漏。

3）绘制框架图。根据因果图的一般形式，绘制出因果图的主干部分，即绘制出结果和主要的原因类别。

4）层层展开成图。对产生质量问题的原因进行层层展开分析，直到可以直接采取对策为止，并将寻找到的各个层次的原因逐一绘制在相应的分支上。

5）对分析出来的所有末端原因，都应到现场进行观察、测量、试验等，以确认主要原因。

6）对因果图进行进一步分析。

3. 应用举例

某 QC 小组针对×××道路路面平整度合格率低的缺陷问题统计表排列图绘制出因果图，如图 2-6 所示。

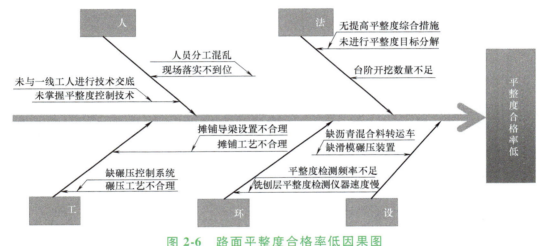

图 2-6　路面平整度合格率低因果图

（制图人：×××　制图时间：××××年××月××日）

4. 应用注意事项

1）绘制因果图时必须召开民主讨论会，利用"头脑风暴法"，充分发扬民主，各抒己见，集思广益，全面分析。

2）作图时应该注意：主干线绘制得粗些，主要类别相互独立，重要原因突出标识。

3）一个主要质量问题只能绘制一张因果图，注意确定的主要质量问题不能笼统。多个主要质量问题则应绘制多张因果图，因果图只能用于单一问题的分析。

4）因果关系要分明，原因分析必须彻底，要分析到可以直接采取对策的程度。

5）"要因"一定要在末端原因上确定，而不应该在中间原因中寻找。

6）对末端原因，应逐项论证是否是要因。

2.8　树图（系统图）

1. 基本概念

树图（Tree diagram）也称系统图（System diagram），是表示某个质量问题与其组成要素之间的关系,从而明确问题的重点,是寻求达到目的所应采取的最适当的手段和措施的一种树状图。树图可以系统地把某个质量问题分解成许多组成要素,以显示出问题与要素、要素与要素之间的逻辑关系和顺序关系。比如,可以把头脑风暴法产生的意见、观点,按其内在的联系整理成树图,以便更清晰地显示出诸要素之间、要素同主题之间的逻辑关系、顺序关系或因果关系。树图常用于单目标展开,一般均自上而下或自左至右展开作图。

2. 树图的形式

树图一般由主题、要素类别、要素和各级子要素组成。由于树图的单目标性决定了其主题只有一个,主题下面是要素类别,每个要素类别又分若干个要素,要素又分子要素,子要素又分子要素,直至末端子要素为止。

树图可以向下展开,称宝塔型,宝塔型树图的典型形式如图2-7所示。

树图也可以侧向展开,称侧向型,侧向型树图的典型形式如图2-8所示。

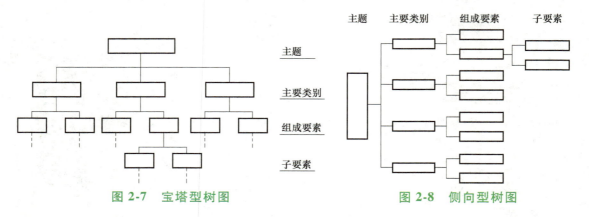

图2-7 宝塔型树图　　　　　　图2-8 侧向型树图

3. 主要用途

1) 方针目标实施项目的展开。
2) 在新产品开发中进行质量设计展开。
3) 为确保质量保证活动而进行的保证质量要素(事项)的展开。
4) 对为解决企业内质量、成本、产量等问题所采取的措施加以展开。
5) 工序分析中对质量特性进行主导因素的展开。
6) 对各部门职责、权限展开,用于机构调整时职能分配。
7) 用于多层次因果关系的分析,以弥补因果图的不足。

4. 应用步骤

1) 确定主题。简明扼要地讲述清楚要研究的主题(如质量问题),用于因果分析的树图一般是单目标的,即一个质量问题用一张树图。
2) 确定主要层次。确定该主题的主要类别,如图2-9所示。
3) 根据主要类别确定其组成要素和子要素。
4) 把主题、主要层次、组成要素和子要素放在相应的方框内。
5) 评审绘制出的树图,确保无论在顺序上或逻辑上都没有差错和空档。

5. 应用举例

某公司对"多曲率弧形放线器"分解出放线器结构形式、弧度调节方式、刻度计算方法、操作画线方法共 4 个主要组成步骤，并对此 4 项步骤提出了具体可比选方案，绘制总体方案分解系统图。

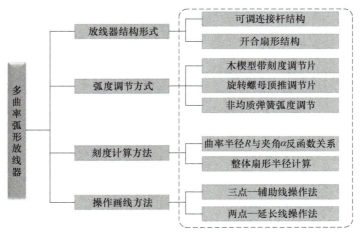

图 2-9　方案分解树图

（制图人：×××　制图时间：××××年××月××日）

从图 2-9 中可见有 9 种可供选择的最终方案。

6. 注意事项

1）用于因果分析的树图一般是单目标的，即一个问题用一张系统图。

2）运用树图进行原因分析时，树图中的主要类别一般可以不先从"5M1E"出发，而是根据具体的质量问题或逻辑关系去选取。

3）各矩形框之间应用直线连接，不应用箭头等连接。

2.9　关联图

1. 基本概念

关联图（Relation diagram）也称关系图。关联图是解决关系复杂、原因之间又相互关联的原因与结果或目的与手段等单一或多个问题的图示方法，是根据逻辑关系理清复杂问题、整理语言文字资料的一种方法。

2. 主要用途

造成质量问题的原因往往是多种多样的，有的原因与原因之间相互影响，有的原因把两个性质不同的问题纠缠在一起，为解决原因之间的缠绕问题，使用关联图是一个可取的办法。关联图的主要用途如下：

1）不合格品原因分析。

2）开发研究质量对策。

3）规划过程和活动的开展。

4）顾客投诉问题的分析。

3. 基本类型

（1）中央集中型关联图　把要分析的问题放在图的中央位置，把同"问题"发生关联的原因逐层排列在其周围,如图 2-10 所示。

(2) 单侧汇集型关联图　把要分析的问题放在右(或左)侧,与其发生关联的原因从右(左)向左(右)逐层排列,如图 2-11 所示。

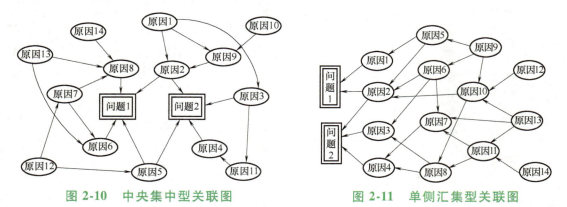

图 2-10　中央集中型关联图　　　　图 2-11　单侧汇集型关联图

4. 应用步骤

(1) 广泛分析收集原因　针对存在的问题召开原因分析会,集思广益,广泛提出可能影响问题的原因,并把提出的末端原因收集起来。例如,某 QC 小组分析收集原因共 12 条。

(2) 初步确认　初步分析出的原因中,有不少原因是互相影响的,比如某 QC 小组收集的 12 条原因中有很多原因相互关联,就可用关联图把它们的因果关系理出头绪来。

(3) 整理　把问题及每条原因都做成一个个小卡片,并把问题的小卡片放在中间,把各原因的小卡片放置在问题的周围,如图 2-12 所示。

(4) 寻找关系并绘图　从原因 1 开始,逐条理出它们之间的因果关系。如原因 1 影响原因 3,原因 3 影响原因 2,原因 2 影响问题,使用箭头将其联系起来,即从原因 1 箭头指向原因 3,从原因 3 箭头指向原因 2,

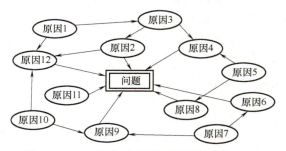

图 2-12　中央集中型关联图的基本图形

再从原因 2 指向问题。如果原因 1 同时影响原因 12,原因 12 又影响着问题,则再把箭头从原因 1 指向原因 12,从原因 12 再把箭头指向问题。然后再看原因 2,原因 2 除受原因 3 的影响和直接影响问题外,还影响原因 12,就用箭头从原因 2 指向问题和原因 12。这样把 12 条原因逐项理一遍,关联图也就绘制完成了。绘制完成的关联图如图 2-12 所示,就是中央集中型关联图的基本图形。

图中 ▭ (也可用 ⬭) 表示问题或症结;图中 ⬭ (也可用 ▭) 表示原因。箭头指向为原因→结果。由于位置紧凑,无论是问题还是原因,均要用简洁、明了的语言填入其中。

(5) 找出末端原因　关联图中各原因有以下 3 种情况:

1)箭头只进不出。箭头只进不出,说明此原因只有别的原因影响它,而它不影响别的原因,这就是需要分析原因的问题或症结。

2)箭头有进有出。箭头既有进又有出,说明该原因既影响别的原因,同时又受到别的原因的影响,表明它不是具体的末端原因,只是一个中间原因。有的原因进、出箭头很多,也只能说明是一个很重要的中间环节而已,不能把它作为末端原因。如图2-12中的原因2、原因3、原因4、原因6、原因8、原因9、原因12。

3)箭头只出不进。箭头只出不进,表明该原因只影响别的原因,而不受别的原因影响,是造成问题的末端原因,即是原因的根源。从图2-12中可以看出,箭头只出不进的末端原因有:原因1、原因5、原因7、原因10、原因11,主要原因要从这5条末端原因中逐一确认、识别和选取。

5. 应用举例

QC小组成员运用"头脑风暴法"对导致高大模板支撑架体一次施工合格率低的两个问题症结"剪刀撑搭设不规范"和"梁底加固方式错误"用关联图进行分析,得出1个末端原因,如图2-13所示。

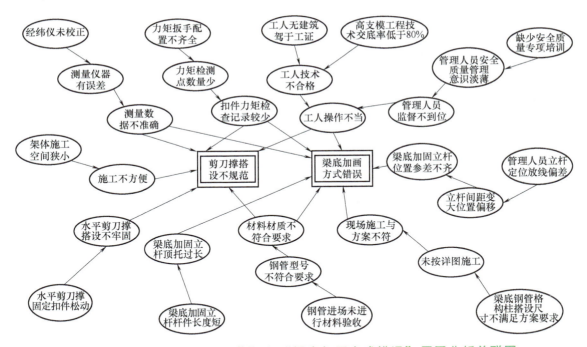

图2-13 "剪刀撑搭设不规范"和"梁底加固方式错误"原因分析关联图

6. 关联图应用注意事项

1)原因之间没有相互缠绕(关联)时,不能用关联图。

2)文字、语言应简洁、准确。

3)末端原因箭头只出不进。

4)要把所有末端原因再检查一遍,看其是否到可直接采取对策的程度,如果不能采取对策,则要再展开分析下去,一直分析到可以直接采取对策的程度为止。

2.10 水平对比法

1. 基本概念

水平对比（Bench Marking）是欧美各国管理学界常用的一种管理方法，也称为"标杆管理"。

水平对比将过程、产品和服务质量同公认的处于领先地位的竞争者进行比较，以寻找自身质量改进的机会。运用水平对比，有助于认清目标并确定自身与标杆间的差距，为赶超标杆找到突破重点。

水平对比在确定企业质量方针、质量目标和质量改进中都十分有效。

2. 应用步骤

（1）确定对比的项目　对比项目应是过程及其输出的关键特性，如性能、可靠性、成本、价格、油耗量等。过程输出的对比应直接同顾客的需要联系起来。选择的项目不能过于庞大，不然会导致最后无法实施。

（2）确定对比的对象　对比的对象可以是直接的竞争对手，也可以是行业内或类似产品、服务提供企业中的标杆企业，其有关项目、指标是公认的领先水平。

（3）收集资料　可通过直接接触、考察、访问、人员调查或公开刊物、广告等途径，获取有关信息、资料和数据。

（4）归纳、整理和分析数据　将获得的数据进行分析对比，以明确与领先者的差距，针对有关项目制订最佳的改进目标。

（5）进行对比　与确定的对比对象就对比项目有关质量指标进行对比，根据结果发现自身的不足，以及自己应做质量改进的内容，便于有针对性地制订和实施改进计划。

3. 应用举例

某建筑施工企业针对路缘石安装质量，对路缘石安装班组的安装质量进行调查，结果见表 2-8，以便通过对路缘石安装班组质量水平的对比，进一步明确了改进方向，并实施了改进措施。

表 2-8　路缘石安装班组质量水平对比表

项目	顶面高程偏差	路缘石破损	灰缝宽度不均匀	相邻块错位	其他
A 班组	22	6	5	2	3
B 班组	21	7	6	2	3
C 班组	22	7	5	2	2
累计	65	20	16	6	8
不合格率（%）	56.5	17.4	13.9	5.2	7.0

（制表人：×××　制表时间：××××年××月××日）

2.11 流程图

1. 基本概念

流程图（Flowchart）是将完成一个过程（如工艺过程、检验过程、质量改进过程等）的步骤用图的形式表示出来。通过对一个过程中各步骤之间关系的研究，发现问题的潜在原因，找到需要进行质量改进的环节。

流程图可以用于从材料流向产品销售和售后服务的全过程所有方面。可以用来描述现有过程，也可用来设计一个新的过程。流程图在 QC 小组活动中和质量改进过程中都有着广泛的用途。

流程图由一系列容易识别的标志构成，一般使用的流程图标志如图 2-14 所示。

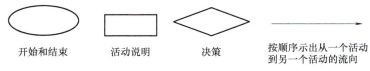

图 2-14　流程图标志

2. 应用步骤

描述和分析现有过程的流程图步骤如下：

1）判别过程的开始和结束。
2）观察从开始到结束的整个过程。
3）规定该过程的程序（输入、活动、判断、决定、输出）。
4）绘制出表示该过程的流程草图。
5）与该过程所涉及的有关人员共同评审该草图。
6）根据评审结果改进流程草图。
7）与实际过程比较，验证改进后的流程图。
8）注明正式流程图的形成日期，以备将来使用和参考（可用于过程实际运行的记录，亦可用于判别质量改进的时机）。

设计新过程的流程图步骤如下：

1）判别过程的开始和结束。
2）使这个新过程中将要形成的程序（输入、活动、判断、决定、输出）形象化。
3）确定该过程的程序（输入、活动、判断、决定、输出）。
4）绘制出表示该过程的流程草图。
5）与预计该过程所涉及的人员共同评审该草图。
6）根据评审结果改进流程草图。
7）注明正式流程图的形成日期，以备将来使用和参考（可用于过程实际运行的记录，亦可用于判别质量改进的时机）。

3. 应用举例

某工程曲面玻璃幕墙安装工艺流程如图 2-15 所示。

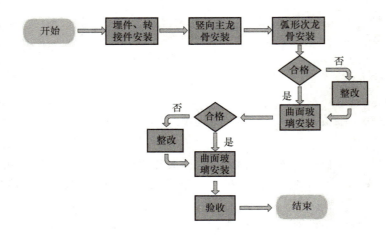

图 2-15　曲面玻璃幕墙安装工艺流程图

2.12　PDPC 法

1. 基本概念

PDPC 法（Process Decision Program Chart）又称过程决策程序图法，源于运筹学和系统理论的思想方法，是指为实现某一目的实现进行多方案设计，以应付实施过程中产生的各种变化的一种计划方法。PDPC 法在动态实施过程中，随着事态发展所产生的各种结果及时调整方案，运用预先安排好的程序，确保达到预期结果和目的。通俗地讲，就是事先"多做几手准备"预测各种困难（如应急预案），并提出解决方案。PDPC 法主要有以下基本特征：

1）掌握全局。
2）动态管理。
3）兼具预见性和临时应变性。
4）提高目标的达成率。
5）具有可追溯性。
6）使参与人员的构想、创意得以充分发挥。

2. PDPC 法的基本形式

PDPC 法的基本形式如图 2-16 所示。

A_0 表示初始状态，Z 表示目的，

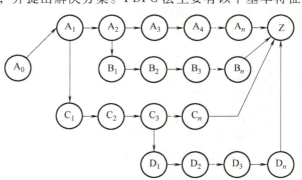

图 2-16　PDPC 法的基本形式

A_0 与 Z 之间是几种不同的方案设计。从初始状态 A_0 开始，实施 $A_1 \rightarrow A_2 \rightarrow A_3 \rightarrow A_4 \rightarrow \cdots \rightarrow A_n$，来实现目的是最佳的方案，但预计项目实施的把握性不大，如果实施不顺利则改用 $B_1 \rightarrow B_2 \rightarrow B_3 \rightarrow \cdots \rightarrow B_n$ 这一方案。假如工作刚开始到 A_1 时就受到严重阻碍，则只有使用 $C_1 \rightarrow C_2 \rightarrow C_3 \rightarrow \cdots \rightarrow C_n$ 方案，这一方案此方案虽不如前两个方案，但也能够达到目的。在这一方案的实施中，一旦 C_3 受阻，则从 C_3 转入 $D_1 \rightarrow D_2 \rightarrow D_3 \rightarrow \cdots \rightarrow D_n$，这一方案，也能够实现目的。

PDPC 法一般有以下两种思维：

（1）顺向思维法　顺向思维法是定好一个理想的目标，然后按照顺序考虑实现目标的

手段和方法。理想的目标可以是比较大的工程（产品）、一项具体的革新、一个技术改造方案等，为了稳步达到目标，需要设想很多条线路。总之，无论怎么走一定要走到目的地，应事先预测所有可能出现的问题，确保计划得到顺利实施。

（2）逆向思维法　当 Z 为理想的目标（或非理想状态）时，从 Z 出发，逆向而上，从大量的观点中展开构思，使其和初始状态 A_0 连接起来，详细研究其过程做出决策，这就是逆向思维法，如图 2-17 所示。逆向思维应该考虑从理想的目标开始，实现目标的前提是什么，为了满足这个前提又应该具备什么条件，一步一步倒推，一直推到出发点。

通过正反两个方面的连接，倒着走得通，顺着也可以走通，这就是 PDPC 法一种正确的思考方法。

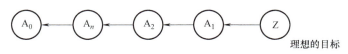

图 2-17　逆向思维法

3. 主要用途

PDPC 法的使用广泛，从家庭乘车买菜到国家发展计划的实施、从医生做手术到军事战术方案的制订，都可以采用 PDPC 法做预先准备。PDPC 法的主要用途如下：

1) 方针目标管理中实施项目的计划拟定。
2) 新产品、新技术开发的计划决定。
3) 施工组织设计方案拟定。
4) 制造中不良现象的防止及对策拟定。
5) 攻关课题的实施方案拟定。
6) 组织均衡生产。
7) 组织材料供应。
8) 重大事故预测及防止。
9) 制订双边或多边谈判方案。

4. PDPC 法的应用步骤

1) 提出实现目标值的实施方案，作为 QC 小组的议题。
2) QC 小组成员用"否定法"方式，对提出的方案，逐项进行可行性分析，充分预测可能的后果，并提出各种新的可行性方案。
3) 综合考虑时间顺序、经济性、可靠性、难易程度和效果等方面，对各种方案进行优选、排队，按照基本图形的模式安排过程决策程序方案。
4) 制订方案实施的保证措施，明确责任者、信息传递方式和资源配置。
5) 课题组长在方案实施过程中始终把握实施动态，及时调整方案，不断修订 PDPC 图，直至实现 QC 小组目标。

5. 应用举例

某设备维修 QC 小组制订减少设备停机影响，保证均衡生产的过程决策程序图，如图 2-18 所示。

6. PDPC 法应用注意事项

1) PDPC 法无论是正向构思还是反向构思，都是用"否定式"提问法完善和优化程序。
2) 最终实现理想目的只实施一个方案。正向构思动态管理时，是实施一个可行方案，

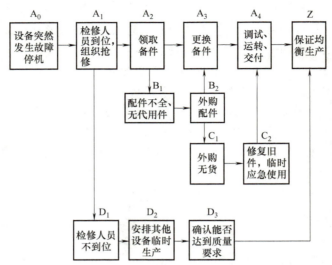

图 2-18 某 QC 小组保证均衡生产的 PDPC 图

反向构思完善思维时，是实施最后一个最优方案。

3）必须以动态发展所产生的结果来调整动态管理的 PDPC 方案。

4）使用 PDPC 法进行动态管理时，应做好各种方案的资源配置，力争实现第一方案。

5）PDPC 法的形式多种多样，应依问题的性质、种类不同而有所区别。

2.13　简易图表

1. 折线图

折线图也称为波动图，常用来表示质量特性数值随时间推移而波动的状况。

某企业装配式机房工程施工一次合格率对比折线图，如图 2-19 所示。

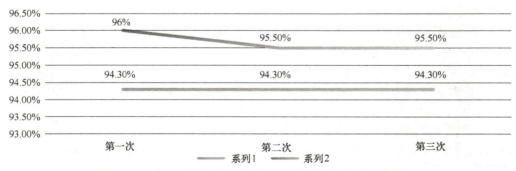

图 2-19　装配式机房工程施工一次合格率对比折线图

（制图人：×××　制图时间：××××年××月××日）

2. 柱状图

柱状图是用长方形的高低来表示数据大小，并对数据进行比较分析的图形。

例如：某 QC 小组绘制的路缘石安装一次验收合格率目标设定柱状图，如图 2-20 所示，以此对现状与目标值进行直观对比。

3. 饼分图

饼分图也叫圆形图，是把数据的构成按比例用圆的扇形面积来表达的图形。各扇形面积表示的百分率加起来是 100%，即整个图形面积。

绘制饼分图时注意从图形的正上方 12 点位置起，将数据从大到小顺时针以扇形排布。

例如：某 QC 小组绘制的墩柱不同部位外观质量不合格率饼分图如图 2-21 所示。

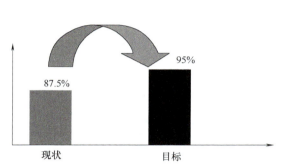

图 2-20　路缘石安装一次验收合格率
目标设定柱状图

（制图人：×××　制图时间：××××年××月××日）

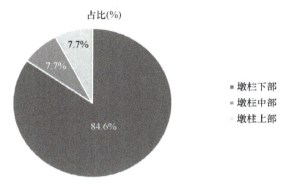

图 2-21　墩柱不同部位外观质量
不合格率饼分图

（制图人：×××　制图时间：××××年××月××日）

4. 雷达图

雷达图是模仿电子雷达机图像形状的一种图形，常用来检查工作成效。

雷达图的简要画法如下：

一般可用极坐标纸，如图 2-22 所示，根据要检查的若干项目数，从坐标原点（圆心）引出若干条射线，同时确定 3 条圆弧线分别表示被检查项目的理想水平、平均水平和不理想水平。以 3 条圆弧中相邻的两条中心线为界，把圆内分出 A、B、C 3 个区域，分别表示理想水平、平均水平和不理想水平。在圆心引出的射线上标明指标名称，把实际情况（检查结果）根据比例在图中坐标点上点出相应的点，连接各点形成一个闭环的折线。闭环折线的形状反映出被检查项目的总状况和特点。

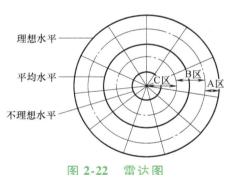

图 2-22　雷达图

例：某 QC 小组根据活动前后综合素质评价表见表 2-9，绘制出活动前后综合素质对比雷达图。使用前制订评价标准，使用时根据实际情况给予评分，如图 2-23 所示。

表 2-9　活动前后综合素质评价表

序号	评价内容	活动前（分）	活动后（分）
1	团队精神	73	96
2	质量意识	82	97
3	创新意识	76	93

(续)

序号	评价内容	活动前(分)	活动后(分)
4	活动积极性	82	98
5	QC 知识	76	90
6	进取精神	84	96

(制表人：×××　制表时间：××××年××月××日)

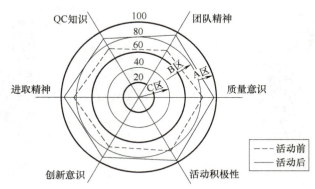

图 2-23　QC 小组活动前后综合素质对比雷达图

(制图人：×××　制图时间：××××年××月××日)

2.14　直方图

1. 基本概念

直方图（Histogram）是频数直方图的简称，是一种通过对大量计量值数据进行整理加工，用图形直观形象地把质量分布规律表示出来，根据其分布形态，分析判断过程质量是否稳定的统计方法。直方图用一系列宽度相等、高度不等的长方形表示数据，长方形的宽度表示数据分布范围的间隔，长方形的高度表示在给定间隔内的数据值。

在实际生产过程中，虽然工艺条件相同，但生产出的产品质量却不会完全相同，而是在一定范围内波动，这种波动是否正常，是需要了解和掌握的。用直方图可以做出准确判断，查找质量问题，以便制订改进措施。

2. 直方图的用途

在质量管理和 QC 小组活动中，采用直方图计算和绘图比较方便，既能明确表示质量的分布情况，也能准确地得出质量特征的平均值和标准偏差，因此直方图成为一种应用广泛、实用的技术工具，其主要的作用有：

1）显示质量波动的状态。
2）较直观地传递过程质量状况的信息。
3）根据质量数据波动情况，进行过程质量分析，确定质量改进工作的着重点。

3. 直方图的观察分析

直方图的应用，首先要收集数据，将数据分组，绘制成图。针对绘制的直方图显示的形态、数据分布中心和公差中心位置的分析，对数据波动情况作出判断。

对直方图的观察分析可从形状和规格界限两方面入手。

（1）形状分析与判断　观察分析直方图整个图形的形状是否属于正常分布，分析过程是否处于稳定状态，判断产生异常的原因。常见的直方图形状如图 2-24 所示。

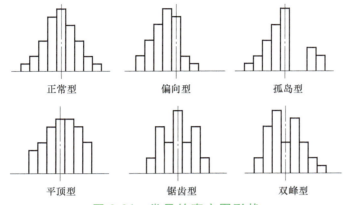

图 2-24　常见的直方图形状

1）正常型：正常型直方图又称标准型、对称型。中部有一顶峰，左右两边逐渐降低，近似对称。一般情况下，直方图会有些参差不齐，主要从整体上看其形态，从而判断工序运行是否正常、是否处于稳定状态。

2）偏向型：偏向型直方图又分左偏型和右偏型。一些有单项公差要求或加工习惯的特性值分布往往呈偏向型；孔加工习惯造成的特性值分布呈左偏型，而轴加工习惯造成的特性值分布常呈右偏型。

3）孤岛型：孤岛型直方图属于数据的异常波动，多为异常原因所引起，如测量工具有误差、原材料的变化、设备老化、刀具严重磨损、短时间内有不熟练操作者顶岗、操作疏忽、混入规范不同的产品等。

4）平顶型：平顶型直方图往往因生产过程有缓慢原因作用引起，如刀具缓慢磨损、操作者疲劳等。

5）锯齿型：锯齿型直方图是由于直方图分组过多或是测量数据不准、测量方法不当、量具精度不高等原因造成。

6）双峰型：直方图出现两个峰，是由于数据来自不同的总体造成的，比如，两个操作者或两批原材料，或两台设备生产的产品混在了一起。

（2）与规格界限的比较分析　当直方图的形状呈正常型时，即工序在此时刻处于稳定状态时，还需要进一步将直方图同规格界限（即公差）进行比较，以分析判断工序满足公差要求的程度。常用的典型状态见表 2-10。

4. 绘制方法

1）收集数据。收集直方图数据一般大于 50 个，数据太少所绘制的图形不能确切反映分布形态，计算出的标准偏差的精度也会降低很多。

2）确定数据的极差（R）。用数据中的最大值减去最小值求得极差。

3）确定组距（h）。先确定直方图的组数，然后以此组数去除极差，可得直方图每组的宽度，即组距。组距一般取测量单位的整倍数。组数的确定要适当，组数太少，会引起较大计算误差；组数太多，会影响数据分组规律的明显性，且计算工作量加大。组数（k）的选用可参考表 2-11。

表 2-10 常用的典型状态

图例	调整要点
理想型	样本分布中心 X 与公差分布中心 M 近似重合，图形对称分布，且两边有一定余量，是理想状态。此时，一般很少出现不合格品，因此可保持状态水平并加以监督
偏心型	样本分布中心 X 比公差分布中心 M 有较大偏移，此时，稍有不慎就会出现不合格。因此，要调整分布中心 X，使分布中心 X 与公差中心 M 近似重合
无富余型	样本分布中心 X 与公差分布中心 M 近似重合，但两边与规格的上、下限紧紧相连，没有余地，表明过程能力已到极限，非常容易失控，造成不合格。因此要立即采取措施，提高过程能力，减少标准偏差 S
能力富余型	样本分布中心 X 与公差分布中心 M 近似一致，但两边与规格的上、下限有很大距离，说明工序能力出现过剩，经济性差。因此，可考虑改变工艺，放宽加工精度或减少检验频次，以降低成本
能力不足型	样本分布中心 X 与公差分布中心 M 近似重合，但分布已超出上、下界限，分散程度过大，已出现不合格品。因此，应多方面采取措施，减少标准偏差 S 或放宽过严的公差范围

表 2-11 组数（k）选用表

数据数目	组数（k）	常用组数（k）
50~100	6~10	
100~250	7~12	10
250 以上	10~20	

4）确定各组的界限值。以下界限为起始，以确定的组距为间隔，依次确定各组的界限值。为避免因数据值与组的界限值重合，而出现一个数据同时属于两个组，造成重复计数。最简单的方法，可将各组区间按照"左开右闭"的原则取数，即可将各组数据区间定为左边（小数）属本组，右边（大数）属下组，或者在收集数据中最小值与公差下限不重合时，

可将第一组的下界限值取收集数据中最小值减去最小测量单位的 1/2，第一组的下界限值与组距 h 相加得出第一组的上界限值，其他依次类推。

5）编制频数分布表。把各组的上、下界限值分别填入频数分布表中，并把数据表中的各个数据"对号入座"列入相应的组，统计落入各组数据个数，即各组频数（f）。

6）按数据值比例绘制横坐标。

7）按频数值比例绘制纵坐标，以观测值数目或百分数表示。

8）按纵坐标测出长方形的高度，它代表落在此长方形中的数据数。因组距相同，所以每个长方形的宽度都是相等的。

9）在直方图上标注公差上、下限（T_U、T_L）、样本数（n）、样本平均值（$\bar{x}$）、样本标准偏差值（S），以及公差中心 M 的位置等。

样本分布中心即样本平均值：

$$\bar{x} = \frac{1}{n}\sum_{i=1}^{n} x_i$$

样本标准偏差：

$$S = \sqrt{\frac{1}{n-1}\sum_{i=1}^{n}(x_i - \bar{x})^2}$$

5. 应用举例

某班组加工钢轴，钢轴直径尺寸随机抽样 100 个，具体见表 2-12，工艺要求钢轴加工尺寸为（60±20）mm，班组希望了解加工质量，寻求改进。

这种情况下，利用直方图能够快速、方便、形象地分析质量状况。

1）收集数据 100 个，即 $n = 100$。

表 2-12 钢轴加工尺寸数据表

59.3	59.7	60.6	60.8	60.3	61.2	60.2	59.7	59.6	59.5
60.9	59.4	60.1	60.4	59.2	61.9(最大值)	59.5	59.4	60.7	59.3
60.1	61.3	60.5	58.9	59.4	59.5	59.4	60.0	60.6	60.5
60.2	60.5	58.5	59.6	59.5	58.9	58.9	59.2	59.9	59.9
59.9	58.0(最小值)	59.0	59.3	58.7	59.7	59.8	59.9	60.0	60.3
60.2	60.3	60.0	61.4	59.4	60.2	60.0	61.6	59.6	61.0
59.7	59.8	61.0	60.9	60.7	60.6	59.4	60.0	60.3	60.2
60.1	59.9	59.8	59.7	61.0	60.9	59.2	60.3	60.1	60.6
61.2	60.0	60.3	60.2	59.6	60.2	59.0	58.9	58.5	59.7
59.9	59.6	59.7	59.9	58.3	59.0	61.2	61.6	61.3	60.0

2）求极差（R）：在数据表中找到最大值和最小值。最大值 $X_{max} = 61.9$mm，最小值 $X_{min} = 58.0$mm，则：

$$R = 61.9 - 58.0 = 3.9$$

3）确定分组组数及组距（R）：取组数 $k = 10$

组距 $h = R/k = 3.9/10 = 0.39 \approx 0.40$

4）确定各组界限值。将表 2-12 中的数据按照组距分为 10 组，确定各组界限值，见表 2-13。

表 2-13　频数表（一）

组号	组界值	频数统计 f_i
1	58.0~58.4	2
2	58.4~58.8	3
3	58.8~59.2	6
4	59.2~59.6	15
5	59.6~60.0	25
6	60.0~60.4	19
7	60.4~60.8	13
8	60.8~61.2	8
9	61.2~61.6	6
10	61.6~62.0	3

或将第一组的下界限值取数据中的最小值 58.0 减去最小计量单位的 1/2（即 0.05），得 57.95，第一组上限为下限值 57.95 加上组距 0.4，为 58.35，即频数 f_i 列入表 2-14。

表 2-14　频数表（二）

组号	组界值	频数统计 f_i
1	57.95~58.35	2
2	58.35~58.75	3
3	58.75~59.15	6
4	59.15~59.55	15
5	59.55~59.95	25
6	59.95~60.35	19
7	60.35~60.75	13
8	60.75~61.15	8
9	61.15~61.55	6
10	61.55~61.95	3

5）计算样本平均值 $\bar{x}$ 与标准偏差 S：

工艺要求钢轴加工尺寸为 60.0 ± 2.0mm，$T_U = 62.0$，$T_L = 58.0$

公差中心 $M = (T_U + T_L)/2 = (62.0 + 58.0)/2 = 60.0$

$$样本平均值\ \bar{x} = \frac{1}{n}\sum_{i=1}^{100} x_i = 60.006$$

$$标准偏差\ S = \sqrt{\frac{1}{n-1}\sum_{i=1}^{100}(x_i - \bar{x})^2} = 0.763$$

可见，样本平均值 $\bar{x}$ 与公差中心 M 基本吻合。

6）绘制直方图：根据计算结果及表 2-13 中数据绘制直方图，见图 2-25。根据计算结果及表 2-14 中数据绘制直方图，见图 2-26。

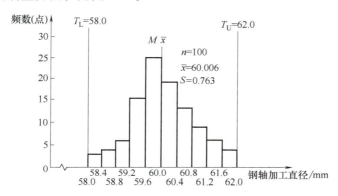

图 2-25　钢轴加工直径直方图（一）

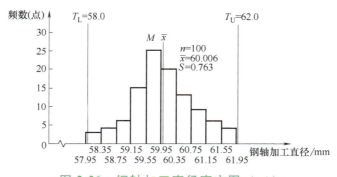

图 2-26　钢轴加工直径直方图（二）

7）分析：从图 2-25 和图 2-26 可以看出，第一组下限值无论是取数据的最小值 58.0，还是取减去最小计量单位的 1/2，即取 57.95，其图形与结论基本一致。

图 2-25、图 2-26 两个直方图均为无富余型，样本分布中心 $\bar{x}$ 与公差中心 M 近似重合。两边与规格的上、下限紧紧相连，几乎没有余地，尤其是下限已有数据落在甚至超出规格下限 58.0mm，表明过程能力已到极限，非常容易出现失控，造成不合格。因此，QC 小组决定立即采取措施，提高过程能力，减少标准偏差 S。QC 小组通过直方图找到了改进的方向。

6. 直方图应用的注意事项

1）收集的数据一般要求不少于 50 个，最好 100 个。实验表明，低于 50 个，绘制出来的直方图差异较大，很容易造成误判。

2）确定组距（h）时，应取测量单位的整数倍。

3）确定分组界限的关键是第一组的下界限值，避免一个数据同时属于两个组。

4）编制频数分布表时，频数记号应按数据表的顺序逐个数据"对号入座"进入相应的组，避免遗漏和重复。

5）做出直方图后，应在图上标注抽样数、规格上限、规格下限、公差中心、样本均值、标准偏差等。

6）在分析直方图时，要结合实际情况对图形的类别和原因进行分析、判断，原因可能会多种多样，采取的措施也要慎重并加以验证，尤其是如果采取放宽控制界限时，要经过论证和验证，避免盲目放宽控制界限造成不合格品被放行。

2.15 散布图

1. 基本概念

散布图（Scatter Diagram）又称相关图、散点图，是研究成对出现的两组数据代表的两种特性之间相关关系的简单图示技术。如（X，Y），每对为一个点子。在散布图中，成对的数据形成点子云，研究点子云的分布状态便可推断成对数据之间的相关程度。如图2-27展示出6种常见的点子云状态。在散布图中，当X值增加，相应地Y值也增加，则X和Y是正相关；当X值增加，相应地Y值却减少，则X和Y是负相关。

散布图可以用来发现、显示和确认两组相关数据之间的相关程度，并确定其预期关系，常在QC小组的质量改进活动中得到应用。

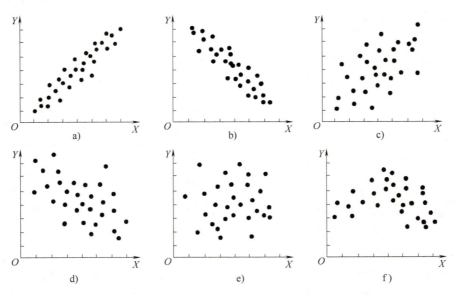

图2-27 常见散布图点子云形状

a）强正相关 b）强负相关 c）弱正相关 d）弱负相关 e）不相关 f）非直线相关

2. 应用步骤

1）收集两个变量间对应的相关数据（X，Y）至少不得少于30对。

2）标明X轴和Y轴代表的项目内容。

3）找出X和Y的最大值和最小值，并用这两个值标定横轴X和纵轴Y，绘制出X轴和

Y 轴。

4)将每对数据所构成的点绘制出,当两组数据值相等,数据点重合时,可围绕数据点绘制同心圆表示。

5)分析点子云的分布状况,确定相关关系的类型。

3. 散布图的相关性判断法

常用的散布图相关性判断方法有 3 种:

1)对照典型图例判断法。

2)象限法判断法。

3)相关系数判断法。

4. 应用举例

为了缩短通信业务通道故障时长。某 QC 小组需要摸清设备运行率与单点接入光铭路数量之间的关系,收集了数据后,利用散布图法进行分析。

1)收集数据。共收集了 30 组数据,见表 2-15 所示。

表 2-15　设备运行率与单点接入光链路数量数据统计表

单点接入光链路(个)	第一周设备运行率(%)	第二周设备运行率(%)	单点接入光链路(个)	第一周设备运行率(%)	第二周设备运行率(%)
1	99.998	99.968	16	99.712	99.578
2	99.989	99.924	17	99.668	99.887
3	99.946	99.913	18	99.743	99.619
4	99.923	99.840	19	99.782	99.878
5	99.872	99.958	20	99.668	99.530
6	99.812	99.764	21	99.715	99.862
7	99.889	99.947	22	99.568	99.482
8	99.827	99.756	23	99.585	99.713
9	99.838	99.942	24	99.551	99.490
10	99.711	99.667	25	99.588	99.718
11	99.829	99.902	26	99.622	99.489
12	99.799	99.716	27	99.524	99.618
13	99.668	99.913	28	99.471	99.435
14	99.793	99.713	29	99.473	99.568
15	99.826	99.972	30	99.459	99.436

(制表人:×××　制表时间:××××年××月××日)

2)绘制出 x 轴和 y 轴。用设备运行率标定横轴 x,用单点接入光链路数标定纵轴 y,绘制出 x 轴和 y 轴。

3)将每对设备运行率与单点接入光链路数对应数据所构成的点绘制在对应的纵横坐标上,如图 2-28 所示。

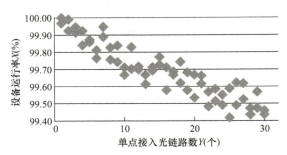

图 2-28 设备运行率（X）与单点接入光链路数（Y）的散布图

（制图人：××× 制图时间：××××年××月××日）

4）分析设备运行率（X）与单点接入光链路数（Y）的散布图，显示设备运行率与不具有备用通道的光链路数量有明显相关性。

5. 散布图应用注意事项

1）要注意对数据进行正确分层，否则可能做出错误判断。
2）观察是否有异常点或离群点的出现。对于异常点或离群点，应查明原。
3）当收集的数据较多时，可能会有重复数据出现，在绘图时可以用双重圈表示。
4）由相关分析所得的结论应注重数据的取值范围。一般不能随意更改其适用范围，当取值范围不同时，应再进行相应的试验与分析。

2.16 控制图

1. 基本概念

控制图（Control Chart）又称管理图，是一种将显著性统计原理应用于控制生产过程的图形方法，是用来区分过程中的偶然波动和异常波动，并判断过程是否处于统计控制状态的一种方法。偶然波动一般在预计的界限内随机重复，是由过程固有的随机原因引起的，是一种正常波动；异常波动是由系统原因引起的，这些系统因素不常存在，但是一旦出现，对过程结果影响显著，需要对其影响因素加以判别、调查，采取措施消除，使过程处于受控状态。

2. 基本形式

控制图是建立在数理统计学基础上的，根据 3σ 原理，利用前期的有效数据建立质量特性值的控制界限，包括上控制界限（UCL）和下控制界限（LCL）。如果过程不受异常原因影响而产生异常波动，产品的质量将处于稳定状态，下一步过程所得到的质量检测数据将不会超出上下控制界限。控制图的基本形式如图 2-29 所示。横坐标是抽样时间（控制用控制图）或样本序号（分析用控制图），纵坐标是质量特性值的坐标。图 2-29 中有三条水平线，上面一条是上控制界限（UCL），用虚线表示，中间一条是控制中心线（CL），用细实线或点画线表示，下面一条是下控制界限（LCL），也用虚线表示。

3. 控制图种类

控制图的种类很多，一般常按数据的性质分成计量值控制图和计数值控制图两大类。
计量值控制图中主要包括：平均值——极差控制图、中位值——极差控制图、单值——

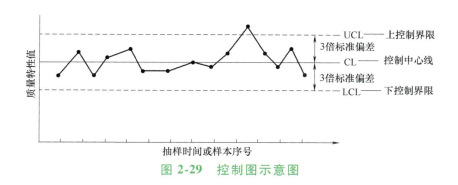

图 2-29 控制图示意图

移动极差控制图等。

计数值控制图主要包括不合格品数控制图、不合格品率控制图、缺陷数控制图和单位缺陷数控制图等。

控制图中最常用的是平均值——极差控制图。

常用的各种控制图类别、特点及其适用场合见表 2-16。

表 2-16 控制图类别、特点及适用场合

控制图类别	控制图名称	符号	特点	适用场合
计量值控制图	平均值——极差控制图	$\overline{X}$-R	常用、效果好,计算量较大	产品批量较大工序
	平均值——标准偏差控制图	$\overline{X}$-s	效果好,计算量较大	样本容量 $n>10$ 时,产品批量大工序
	中位值——极差控制图	$\widetilde{X}$-R	常用、效果稍差,计算量较小	产品批量较大工序
	单值——移动极差控制图	X-Rs	简便、易用、及时,有时效果较差	单因素或单数据时使用
计数值控制图	不合格品数控制图	pn	较常用,计算简单,易于理解	样本容量相等
	不合格品率控制图	p	计算量大,控制线凹凸不平	样本容量不等
	缺陷数控制图	c	较常用,计算简单,易于理解	样本容量相等
	单位缺陷数控制图	u	计算量大,控制线凹凸不平	样本容量不等

4. 用途

控制图主要用在质量管理和 QC 小组活动中的质量诊断、质量控制及质量改进过程中。

(1) 在质量诊断方面 用来检测和度量工艺运行状态是否处于正常状态,生产过程是否处于控制状态,产品的质量是否于稳定状态等。

(2) 在质量控制方面 用来确定是否对工艺过程加以调整,是否应保持过程的相对稳

定状态。

(3) 在质量改进方面 可以用来确定查质量改进的效果，检查调整后的过程是否重新处于受控状态。

5. 应用步骤

(1) 选定对象 选取控制图拟控制的质量特性，如重量、不合格品数等。

(2) 确定用图类型 选用合适的控制图种类。

(3) 确定样本容量和抽样间隔 在样本内，假定波动只由偶然原因所引起。

(4) 收集数据 收集并记录至少 20~25 个样本的数据，或使用以前记录的数据。

(5) 计算 计算各个样本的统计量，如样本平均值、样本极差和样本标准偏差等。

(6) 确定控制界限 计算各统计量的控制界限。

(7) 绘图 绘制控制图并标出各样本的统计量。

(8) 分析判断 观察有无在控制界限以外的点；观察在控制界限内有无排列有缺陷的点；如果已知有的数据存在特殊状况或异常原因，要在图中标注明确；判断过程的控制状态。

(9) 决定下一步行动

6. 计算公式

控制图的计算，主要是控制中心线和控制界限的计算。确定控制界限，控制图的上下界限为 $\pm 3\sigma$，不同的控制图需根据其分布特征与相互关系进行推导，GB/T 17989.2—2020《控制图 第 2 部分：常规控制图》给出了各类控制界限的计算公式，见表 2-17。由表 2-17 可查出计算统计量 $\overline{X}$-R 控制界限的计算公式。常用控制图的系数选用表见表 2-18。

表 2-17 各类控制界限的计算公式表

图别		中心线（CL）	上控制界限线（UCL）	下控制界限线（LCL）
$\overline{X}$-R	$\overline{X}$	$\overline{\overline{X}}$	$\overline{\overline{X}}+A_2\overline{R}$	$\overline{\overline{X}}-A_2\overline{R}$
	R	$\overline{R}$	$D_4\overline{R}$	$D_3\overline{R}$
$\overline{X}$-s	$\overline{X}$	$\overline{\overline{X}}$	$\overline{\overline{X}}+A_3\overline{s}$	$\overline{\overline{X}}-A_3\overline{s}$
	s	$\overline{s}$	$B_4\overline{s}$	$B_3\overline{s}$
$\tilde{X}$-R	$\tilde{X}$	$\overline{\tilde{X}}$	$\overline{\tilde{X}}+m_3A_2\overline{R}$	$\overline{\tilde{X}}-m_3A_2\overline{R}$
	R	$\overline{R}$	$D_4\overline{R}$	$D_3\overline{R}$
X-Rs	X	$\overline{X}$	$\overline{X}+2.659\overline{Rs}$	$\overline{X}-2.659\overline{Rs}$
	Rs	$\overline{Rs}$	$3.267\overline{Rs}$	不考虑
p		$\overline{p}$	$\overline{p}+3\sqrt{\dfrac{\overline{p}(1-\overline{p})}{n}}$	$\overline{p}-3\sqrt{\dfrac{\overline{p}(1-\overline{p})}{n}}$
np		$n\overline{p}$	$n\overline{p}+3\sqrt{n\overline{p}(1-\overline{p})}$	$n\overline{p}-3\sqrt{n\overline{p}(1-\overline{p})}$
u		$\overline{u}$	$\overline{u}+3\sqrt{\dfrac{\overline{u}}{n}}$	$\overline{u}-3\sqrt{\dfrac{\overline{u}}{n}}$
c		$\overline{c}$	$\overline{c}+3\sqrt{\overline{c}}$	$\overline{c}-3\sqrt{\overline{c}}$

表 2-18 控制图的系数选用表

n	2	3	4	5	6	7	8	9	10	11	12	13
A_2	1.880	1.023	0.729	0.577	0.483	0.419	0.373	0.337	0.308	0.285	0.266	0.249
A_3	2.659	1.954	1.628	1.427	1.287	1.182	1.099	1.032	0.975	0.927	0.886	0.850
D_4	3.267	2.575	2.282	2.115	2.004	1.924	1864	1.816	1.777	1.744	1.717	1.693
B_4	3.267	2.568	2.266	2.089	1.970	1.882	1.815	1.761	1.716	1.679	1.646	1.618
E_2	2.660	1.772	1.457	1.290	1.134	1.109	1.054	1.010	O975	—	—	—
$m_3 A_2$	1.880	1.187	0.796	0.691	0.549	0.509	0.43	0.41	0.36	—	—	—
D_3	—	—	—	—	0.076	0.136	0.184	0.223	0.256	0.283	0.307
B_3	—	—	—	—	0.030	0.118	0.185	0.239	0.284	0.321	0.354	0.382
d_2	1.128	1.693	2.059	2.326	2.534	2.704	2.847	2.970	3.078	3.173	3.258	3.336

注:"—"表示不考虑。

7. 控制图的分析与判断

应用控制图的目的,就是要及时发现过程中出现的异常,判断异常的原则就是出现了"小概率事件"。为此,判断的准则有两类:

第一类:点子越出控制界限。在稳定状态下,点子越出控制界限的概率为 0.27%。

第二类:点子虽在控制界限内,但排列的形状有缺陷。

由于控制界限为 $\mu \pm 3\sigma$,犯第一种错误的概率 α 就很小了,仅为 0.27%,但犯第二种错误的概率 β 就要增大,为了减少这种错误,即使点子都在控制界限内,也要注意其排列有无缺陷。如果有缺陷(不是随机分布),就要判作异常,看作过程已经发生了变化。

GB/T 17989.2—2020《控制图 第 2 部分:常规控制图》,对控制图的评判,提供了 3 种检验模式,也就是 8 种判断准则,其中准则 1 属第一类,准则 2~8 均属第二类。

准则 1:1 个点落在 A 区外(点越出控制界限),如图 2-30 所示。

准则 2:连续 9 点落在中心线同一侧,如图 2-31 所示。

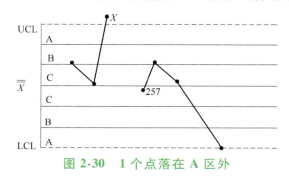

图 2-30 1 个点落在 A 区外

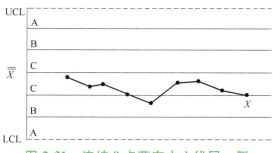

图 2-31 连续 9 点落在中心线同一侧

准则 3:连续 6 点递增或递减,如图 2-32 所示。

准则 4:连续 14 点中相邻点子上下交替,如图 2-33 示。

准则 5:连续 3 点中有 2 点落在中心线同一侧的 B 区以外,如图 2-34 所示。

准则 6:连续 5 点中有 4 点落在中心线同一侧的 C 区以外,如图 2-35 所示。

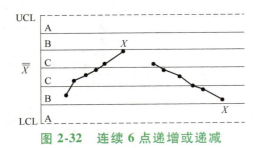
图 2-32　连续 6 点递增或递减

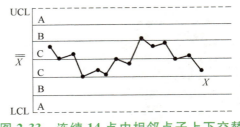
图 2-33　连续 14 点中相邻点子上下交替

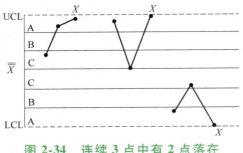
图 2-34　连续 3 点中有 2 点落在中心线同一侧的 B 区以外

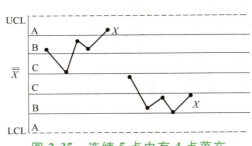
图 2-35　连续 5 点中有 4 点落在中心线同一侧的 C 区以外

准则 7：连续 15 点落在中心线两侧的 C 区内，如图 2-36 所示。

准则 8：连续 8 点落在中心线两侧且无 1 点在 C 区内，如图 2-37 示。

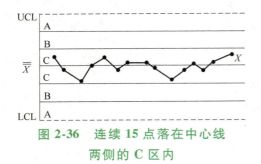
图 2-36　连续 15 点落在中心线两侧的 C 区内

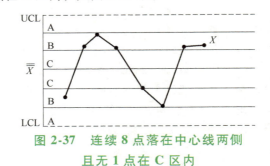
图 2-37　连续 8 点落在中心线两侧且无 1 点在 C 区内

8. 应用举例

某企业新安装一台产品装填机，该机器每次可将 5000g 的产品装入固定容器，规范要求为 5000^{+50}_{+0}（g）。使用控制图分析装填结果的控制状态，确定是否需要改进。

具体工作步骤如下：

（1）选定特性值　将多装量（g）看成应当加以研究并由控制图加以控制的重要质量特性。

（2）确定用图类型　由于要控制的装入量是计量特性值，因此选用 $\bar{x}$-R 控制图。

（3）确定样本容量及抽样间隔　每个样本的容量 n，个数太少则不精确，个数太多则测量费时且计算太麻烦，区间宜为 $2 \leq n \leq 10$，一般取 $n=4 \sim 5$ 个。作分析用控制图时，样本之间的差别要尽量小，样本与样本之间则要考虑全过程的情况，所以，要有合适的时间间隔。本案例以 5 个连续装填的容器为一个样本，于是样本容量 $n=5$。每 1h 抽取一个样本。

(4) 收集数据 收集 25 个样本数据,即样本个数 K 为 25,并按观测顺序将其记录于下表 2-19 中。

(5) 计算

1) 计算每个样本的统计量 $\overline{X_i}$——5 个观测值的平均值,R_i——5 个观测值的极差。

如,第一号样本:$\overline{X}_1 = \dfrac{47+32+44+35+20}{5} = 35.6$(g)

$R_1 = 47 - 20 = 27$(g)

其余类推。

2) 计算各样本平均值的平均值($\overline{\overline{X}}$)和各样本极差的平均值($\overline{R}$),填入表 2-19 中。

表 2-19 多装量(g)和样本统计量表

样本号	X_1	X_2	X_3	X_4	X_5	$\sum X$	$\overline{X}$	R
1	47	32	44	35	20	178	35.6	27
2	19	37	31	25	34	146	29.2	18
3	19	11	16	11	44	101	20.2	33
4	29	29	42	59	38	197	39.4	30
5	28	12	45	36	25	146	29.2	33
6	40	35	11	38	33	157	31.4	29
7	15	30	12	33	26	116	23.2	21
8	35	44	32	11	38	160	32.0	33
9	27	37	26	20	35	145	29.0	17
10	23	45	26	37	32	163	32.6	22
11	28	44	40	31	18	161	32.2	26
12	31	25	24	32	22	134	26.8	10
13	22	37	19	47	14	139	27.8	33
14	37	32	12	38	30	149	29.9	26
15	25	40	24	50	19	158	31.6	31
16	7	31	23	18	32	111	22.2	25
17	38	0	41	40	37	156	31.2	41
18	35	12	29	48	20	144	28.8	36
19	31	20	35	24	47	157	31.4	27
20	12	27	38	40	31	148	29.6	28
21	52	42	52	24	25	195	39.0	28
22	20	31	15	3	28	97	19.4	28
23	29	47	41	32	22	171	34.2	25
24	28	27	22	32	54	163	32.6	32
25	42	34	15	29	21	141	23.2	27
						累计	746.6	686
						平均	$\overline{\overline{X}}=29.86$	$\overline{R}=27.44$

注:此表中数据经简化处理,即测量值减 5000 所得。

$$\bar{\bar{X}} = \frac{\sum_{i=1}^{25} \bar{X}_i}{K} = \frac{746.6}{25} = 29.86 \text{ (kg)}$$

$$\bar{R} = \frac{\sum_{i=1}^{25} R_i}{K} = \frac{686}{25} = 27.44 \text{ (g)}$$

（6）确定控制界限　由表 2-17 查出计算统计量 $\bar{X}\text{-}R$ 控制图控制界限的计算公式。

1）计算控制图的中心线。

$\bar{X}$ 图：

$$\text{中心线（CL）} = \bar{\bar{X}} = 29.86 \text{ (g)}$$

R 图：

$$\text{中心线（CL）} = \bar{R} = 27.44 \text{ (g)}$$

2）计算控制界限。

$\bar{X}$ 图：

控制上限（UCL）$= \bar{\bar{X}} + A_2 \bar{R}$

控制下限（LCL）$= \bar{\bar{X}} - A_2 \bar{R}$

式中，A_2 为随着样本容量 n 变化而变化的系数，从表 2-18 中选取。

本案例中，$n=5$，查表得：$A_2 = 0.577$。

控制上限（UCL）$= 29.86 + 0.577 \times 27.44 = 45.69$（g）

控制下限（LCL）$= 29.86 - 0.577 \times 27.44 = 14.03$（g）

R 图：

控制上限（UCL）$= D_4 \bar{R}$

控制下限（LCL）$= D_3 \bar{R}$

式中，D_3、D_4 为随 n 变化的系数，从表 2-18 中选取，$n=5$，查表得：$D_4 = 2.115$。由于 $n=5$ 时，D_3 没有数值，所以控制下限（LCL）取 0。

控制上限（UCL）$= D_4 \bar{R} = 2.115 \times 27.44 \approx 58.04$（g）

控制下限（LCL）$= D_3 \bar{R} = 0$

（7）绘制控制图　用坐标纸或控制图专用纸绘制控制图。一般在上方位置安排 $\bar{X}$ 图，对应的下方位置安排 R 图，横轴表示样本号，纵轴表示质量特性值和极差。中心线用实线，上下控制线用虚线绘制，并在各条线的右端，分别标出对应的控制上限（UCL）、中心线（CL）、控制下限（LCL）符号和数值，在 $\bar{X}$ 图上控制线的左上方标记 n 的数值。

把各样本的平均值（$\bar{X}$）和极差（R），在已经绘制有控制界限的控制图上打点，一般在 $\bar{X}$ 和 R 图上分别用"·""。"或"×"表示，并连接各点。当确认生产过程处于稳定状态时，就可以将此图用于控制工序质量的变化。如果发现点子排列有缺陷，则用大圈把异常部分圈起来以便观察分析，借此进行工序过程的动态质量控制。

（8）分析判断　由图2-38可以看出，本案例中多装量与极差的控制图没有出现越出控制界线的点，也未出现点排列缺陷（即非随机的迹象或异常原因），可以认为该过程是按预计的要求进行，处于统计控制状态（受控状态）。

（9）在不对该过程做任何调整的同时连续用同样的方法对多装量抽样、观测和打点。如果在继续观测时，控制图显示出存在异常，则应进一步分析具体原因，并采取措施对过程进行调整。

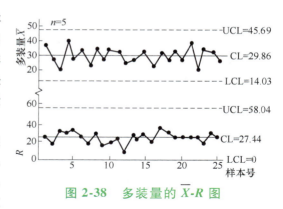

图 2-38　多装量的 $\bar{X}$-R 图

9. 注意事项

1）如果过程处于以下几种情况，一般不适宜使用控制图：

① "5M1E" 因素未加控制、过程处于不稳定状态。

② 过程能力不足，即 $C_p<1$。

③ 没有量化指标的过程。

④ 所控制的对象不具有重复性，一次性或只有少数几次重复性（单件、小批量生产）的生产过程。

2）选择控制对象时，一般选择需严格控制的质量特性值。当一个过程需要控制的质量特性值很多时，则要选择能真正代表该过程主要状况的特性值。必要时要进行分层控制，如不同设备或不同班组等。

3）避免由于画法不规范或不完整导致图示错误；避免使用公差线代替控制线，QC小组活动中常出现这种错误；当 "5M1E" 发生变化时，应及时调整控制线。

同时也避免在实际生产过程使用中，常常因为忙碌等原因不及时打"点"，无法及时发现过程异常；在研究分析控制图时，对已弄清有系统原因的异常点，在原因消除后，要及时剔除异常点数据，并在图中标明，以避免影响正确的分析判断。

4）要根据打"点"结果进行分析判断，否则，只绘图不分析就失去控制图的报警作用。

2.17　优选法

1. 基本概念

优选法（Optimization Method）是指以数学原理为指导，合理安排试验，以尽可能少的试验次数尽快找到生产、服务和科学试验中最优方案的科学方法。通常在QC小组活动中，运用简单的计算或对分的方法，实现以较少的试验次数，找到最适宜的生产、实验条件，取得最优的效果。优选法使用有效，简单易学，成为寻找最佳配方、最佳工艺条件、最优工艺参数等解决质量问题的一种有效方法。

2. 用途

1）现场质量改进活动中单因素的分析、试验及选择。

2）QC 小组活动中要因确认、对策选择、实施。

3）QC 小组创新型成果活动课题的方案选择和实施步骤等。

3. 常用方法

优选的方法很多，这里介绍常用的两种方法：对分法和黄金分割法。

（1）对分法 对分法又称为取中法、平分法、对折法，即：每次试验因素的取值都用前两次试验取值的中点。

计算公式：
$$X=(a+b)/2$$

式中 X——本次试验因素的取值；

a、b——前两次试验对该因素的取值。

根据试验结果，判断本次试验的取值是偏高还是偏低，就将中点以上的一半或者中点以下的一半去掉，这样对因素需要考察的范围就减少了一半。如此再进行试验，每次都可将因素值的范围缩减一半，随着试验的不断进行，可以很快找到因素的最佳取值。

（2）黄金分割法（0.618 法） 黄金分割法以试验范围的 0.618 处及其对称点作为试验点的选择而得名。两个试验点试验结果比较后留下较好点，去掉较坏点所在的一段范围，再在余下范围内继续用黄金分割法找好点，去掉坏点，如此继续下去，直至达到最优，即黄金切割点。

黄金分割法类同于对分法，但计算上比对分法略显复杂些，是以试验范围的 0.618 处及其对称点取值选择试验点，因此，黄金分割法比对分法更精确些，QC 小组可根据改进项目的质量特性分别选取，灵活应用。

运用黄金分割法时，第一个试验点安排在试验范围（a、b）的 0.618 处。

第二个试验点安排在第一个试验点的对称位置上。

这两点的数学表达式是：
$$X_1 = a + 0.618(b-a)$$
$$X_2 = a + b - X_1$$

第一次试验做完后，将点的试验结果进行比较：

1）如果 X_1 点比 X_2 点好，则将（a，X_2）的试验范围去掉，留下好点所在的范围（X_2，b），在此范围内再找出 X_1 的新的对称点 X_3 的位置，如图 2-39 所示。

$$X_3 = X_2 + b - X_1$$

2）如果 X_1 点比 X_2 点差，则把差点所在的范围（X_1，b）去掉，留下好点所在的范围（a，X_1），并在其中找出 X_2 的新的对称点 X_3 的位置，如图 2-40 所示。

$$X_3 = a + X_1 - X_2$$

图 2-39 X_1 点比 X_2 点好时 X_3 位置图

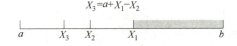

图 2-40 X_1 点比 X_2 点差时 X_3 位置图

在留下的新的试验范围内又有两个试验点可以比较，一个是新的试验点的结果，另一个是原来好点的结果。通过试验对比后又可以留下好点，去掉坏点，试验范围又进一步缩小。随着试验次数的不断增加，试验范围在不停地缩小，如此将"留好点，去坏点，取新点，再找好点"的过程继续下去，就可以较快地找到试验范围内的最佳点。

4. 应用步骤

1）明确目的。明确针对什么项目进行试验。
2）明确影响因素。如重量、长度、温度、角度、时间等。
3）明确试验方法。用什么方法试验，用什么手段检验。
4）明确指标。以指标判断优选的程度。
5）计算试验点，并进行反复试验测试。
6）比较。对每次试验结果进行分析比较，直到实现试验目标。
7）验证。对试验结果进行验证分析。

5. 注意事项

1）优选法只适用于质量问题的单因素试验选择，多因素质量问题选择试验应选择其他方法，如：正交试验、田口方法等。
2）应用优选法，要有明确的项目、目标和考察指标。
3）优选法的最佳值要经过反复试验后才能获得，一般经 3~8 次试验后均能出现好的结果。但精度高、公差范围较小的质量特性值指标建议用黄金分割法，试验选择的次数有时会多一些，假如试验中一直没有出现好的试验点，则应继续试验下去，最多试验 16 次就可得到满意的结果。

2.18 正交试验设计法

1. 基本概念

正交试验设计法（Orthogonal experimental design）简称正交试验法，是一种研究多因素多水平的设计方法，是根据正交性从全面试验中挑选出部分有代表性的点利用正交表来合理安排试验的一种方法。正交试验设计法在质量管理和 QC 小组活动中有着十分广泛的应用。

安排任何一项试验，首先要明确试验的目的是什么，用什么指标来衡量考核试验的结果，对试验指标可能有影响的原因是什么，为了搞清楚影响的因素，应当把因素选择在哪些水平上，以便合理有效地安排试验，实现目标。

（1）指标 指标就是试验要考察的效果，能够用数量来表示的试验指标称为定量指标，如重量、尺寸、时间、温度等等。不能用数量来表示的试验指标称为定性指标，如颜色、外观等。

在正交试验中，主要涉及的是定量指标，常用 X、Y、Z…来表示。

（2）因素 因素指对试验指标可能产生影响的原因，是在试验中考察的重点内容，一般用字母 A、B、C…来表示。在试验中，能够人为控制和调节的因素称为可控因素，如时间、温度、重量等等；由于受到试验条件的限制，暂时还不能人为控制和调节的因素称为不可控因素，如机器轻微振动、自然环境变化等。

在正交试验中，一般只选取可控因素参加试验。

（3）位级 位级又叫水平，是指因素在试验中所处的状态或条件。对于定量因素，每一个选定值即为一个位级，常用阿拉伯数字 1、2、3…来表示。在正交试验中需要考察某因素的几种状态时，则称该因素为几位级（水平）的因素。

2. 正交表及其性质

（1）正交表　设计安排正交试验时需要用到一类已经制作好的标准化的表格，这类表格称为正交表。正交表是正交试验法的基本工具，分中国型和日本型两种，常用的是中国型。

最简单的正交表是 $L_4(2^3)$ 正交表，由 4 行、3 列、2 水平组成，其格式见表 2-20。

表 2-20　$L_4(2^3)$ 正交表

行（试验）号	列　号		
	1	2	3
1	1	1	1
2	2	1	2
3	1	2	2
4	2	2	1

$L_4(2^3)$ 的含义如图 2-41 所示。

（2）正交表的性质　正交表有两种性质，均衡分散性和整齐可比性，正是这两种性质决定了正交试验效率高、效果好的特点。

1）均衡分散性。由于每一列中各种字码出现相同的次数，这就保证了试验条件均衡地分散在配合完全的位级（水平）组合之中，因而代表性强，容易出现好条件。

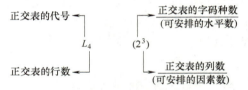

图 2-41　正交试验表记号的含义

2）整齐可比性。由于任意两列中全部有序数字对出现相同的次数，即对于每列因素，在各个位级（水平）的结果之和中，其他因素各个位级（水平）的出现次数都是相同的。这就保证了在各个位级（水平）的效果之中，最大限度地排除了其他因素的干扰，因而能够获得最有效的比较效果。

3. 常用步骤

常用正交试验设计与分析的步骤如下：
1）明确试验的目的。
2）确定考察的指标。
3）确定试验的因素和位级（水平）。
4）利用常用正交表设计试验方案。
5）实施试验方案。
6）试验结果分析。
7）反复调整试验以逼近最优方案。
8）生产验证及确认最优方案。
9）结论与建议。

4. 应用举例

2×1000MW 机组工程主厂房上部结构混凝土等级设计为 C60 高强混凝土。

1）试验目的：配制 C60 高强混凝土。
2）试验考核指标：配制强度高于 69.9MPa（根据标准 JGJ 55—2000 标准差取 6.0MPa）。
3）试验因素：原材料经过方案比选、试验确定了 C60 高强混凝土配制原材料选择最佳方案，如下：

① 水泥：选用 P.O 52.5 普通硅酸盐水泥。
② 粉煤灰：×××电厂Ⅰ级粉煤灰。
③ 石子：选用 $\phi 5 \sim 20$mm 的石子。
④ 砂子：选用××建材砂子。
⑤ 外加剂：选用聚羧酸系高性能减水剂。

经研究和分析，确定 4 个因素，即：水泥、砂率、外加剂及粉煤灰。

QC 小组成员为了综合考虑水泥总量、砂率、外加剂用量（外加剂用量决定了单方混凝土的用水量）及粉煤灰掺量对混凝土强度、工作性及经济性的影响，根据以上试拌结果及 JGJ 55—2011《普通混凝土配合比设计规程》的要求，对水泥总量、砂率、外加剂用量及粉煤灰掺量调整如下：

水泥总量/kg　A	1：500	2：515	3：530
砂率（%）　B	1：41	2：42	3：43
外加剂用量（%）　C	1：0.9	2：1.0	3：1.1
粉煤灰掺量（%）　D	1：15	2：17	3：19

4）确定位级：试验中将每项因素按标准范围确定 3 个位级进行试验，见表 2-21、表 2-22。
5）制作正交实验表。

表 2-21　因素位级表

位级 \ 因素	水泥总量/kg A	砂率（%） B	外加剂用量（%） C	粉煤灰掺量（%） D
位级 1	500	41	0.9	15
位级 2	515	42	1.0	17
位级 3	530	43	1.1	19

（制表人：×××　制表时间：××××年××月××日）

6）观察结果：第 9 号试验最好，结果为 74.6MPa，工艺条件为 A3、B3、C3、D1。
7）分析计算：从位级之和看出最好的工艺条件应是 A3、B1、C3、D2；从极差的大小看出因素重要程度的次序：A→C→D→B。
8）综合评定：观察结果与分析计算结果有差异，但其重要因素 A、C 是一致的，为 A3、C3；次要因素 D 要在 D2、D1 中选取，由于 D2 好于 D1，所以选 D2；而 B 在 B1 和 B3 中选取，B 越大，混凝土强度越合理，为此选 B1。

经综合评定其最佳工艺组合是：A3、B1、C3、D2。

9）验证试验：通过正交试验法，QC 小组决定选用下列配比配制 C60 高强混凝土：
水泥：P.O 52.5 普通硅酸盐水泥 530kg。

表 2-22 正交表

因素\试验号	水泥总量/kg A	砂率(%) B	外加剂用量(%) C	粉煤灰掺量(%) D	试验结果 强度/MPa
1	1(500)	1(41)	3(1.1)	2(17)	70.7
2	2(515)	1(41)	1(0.9)	1(15)	65.7
3	3(530)	1(41)	2(1.0)	3(19)	72.6
4	1(500)	2(42)	2(1.0)	1(15)	67.1
5	2(515)	2(42)	3(1.1)	3(19)	69.1
6	3(530)	2(42)	1(0.9)	2(17)	70.2
7	1(500)	3(43)	1(0.9)	3(19)	62.4
8	2(515)	3(43)	2(1.0)	2(17)	70.3
9	3(530)	3(43)	3(1.1)	1(15)	74.6
位级Ⅰ之和	200.2 (70.7+67.1+62.4)	209 (70.7+65.7+72.6)	198.3 (65.7+70.2+62.4)	207.4 (65.7+67.1+74.6)	因素重要程度次序：A→C→D→B
位级Ⅱ之和	205.1 (65.7+69.1+70.3)	206.4 (67.1+69.1+70.2)	210 (72.6+67.1+70.3)	211.2 (70.7+70.2+70.3)	
位级Ⅲ之和	217.4 (72.6+70.2+74.6)	207.3 (62.4+70.3+74.6)	214.4 (70.7+69.1+74.6)	204.1 (72.6+69.1+62.4)	
极差(R)	17.2 (217.4-200.2)	2.6 (209-206.4)	16.1 (214.4-198.3)	7.1 (211.2-204.1)	

（制表人：×××　制表时间：××××年××月××日）

砂率：掺砂率41%。

外加剂：聚羧酸系高性能减水剂1.1%。

粉煤灰：Ⅰ级粉煤灰17%。

石子：选用 φ5～20mm 的石子。

验证结果：C60 高强混凝土平均强度达到 74.6MPa 左右，符合《普通混凝土配合比设计规程》JGJ 55—2011 的要求。

10）结论与建议：通过实际验证，这是一个较好的方案，解决了现场有效配制 C60 高强混凝土问题。

5. 注意事项

运用正交试验法时要注意以下事项：

1）不应随便选取非正交表进行正交试验。

2）当选用日本型正交表做试验时，则应按日本型正交试验的程序、方法进行试验设计与分析；当选用中国型正交表做试验时，则应按中国型正交试验的程序、方法进行试验设计与分析。二者不能混用。

3）试验前要确定考察指标，对多项考察指标要分清主次，并设法使之变成单项考察指标，可采用综合评分等方法。

4）在进行正交试验设计时，应充分多考察因素、位级（水平）。尽量避免漏掉重要因素和位级（水平），造成人力、财力、物力等资源更大的浪费。

5）在试验实施的过程中，因素位级（水平）要严格控制在规定的位级（水平）变化精度内。对非考察因素应实施标准化作业，最大可能地排除非考察因素的异常波动给试验结果带来的干扰。

6）正交试验设计不是一次利用正交表就可以顺利取得成功的，而应多次反复利用正交表才能取得较佳的效果。在第一轮试验结束后，要根据"重要因素有苗头处加密"和"次要因素综合确定"的原则，结合展望条件，安排第二轮试验，也就是调优试验。经过多轮反复试验，逐步逼近最优条件组合。

7）试验结果的测试技术和手段的精度要有保证，计算应正确无误，避免发生分析失误。

2.19 矩阵图

1. 基本概念

矩阵图（Matrix Chart）是以矩阵的形式分析问题与原因、原因与原因、现象与原因间相互关系的图形。一般是把问题、原因、现象放在图中的行或列的位置，而把它们之间的相互关系放在行和列的交点处，并用不同符号表示出它们的相关程度。

常用的相关程度的符号有 3 种：

◎表示强相关；○表示弱相关；△表示不相关。

2. 主要用途

1）研究和制订企业的发展战略、方针目标及质量计划等。
2）寻找和发现产品质量问题与材料、设备、工艺、人员、环境等之间的关系。
3）研究和确定产品质量与各管理、职能部门的工作质量间的关系。
4）研究和确定市场及用户对产品质量的要求与企业的管理与工序项目之间的关系。
5）寻找产品开发的着眼点，发现产品质量改进的切入点。

3. 分类

矩阵图大体分为 L 形矩阵图、T 形矩阵图、Y 形矩阵图、X 形矩阵图、C 形矩阵图 5 种，其中 L 形矩阵图是基本型，其他都是在 L 形矩阵图基础上进行的叠加和组合。在质量管理和 QC 小组活动中使用最多的是 L 形矩阵图和 T 形矩阵图。

（1）L 形矩阵图　L 形矩阵图是矩阵图中的最基本的形式。一般是将两个对应事项 L 与 R 的元素，分别按行和列排列而成一个矩阵，并在行列的交叉点上标明 L 与 R 元素间的关系，如图 2-42 所示。

L 形矩阵图常用于分析若干个目的（或问题）与为实现这些目的（问题）的若干个手段（原因）之间的关系。

（2）T 形矩阵图　T 形矩阵图是由两个 L 形矩阵图组合而成的，通常其中一个是"现象与原因"的 L 形矩阵图，一个是"原因与要素"的 L 形矩阵图，因而常用于分析现象、原因与现象间的关系，如图 2-43 所示。

4. 应用步骤

（1）确定事项　如性能——原因，或特性——影响因素（工序）等。

		R								
		R_1	R_2	R_3	R_4	R_5	R_6	R_7	R_8	…
L	L_1				○				○	
	L_2			◎			◎			
	L_3				◎			○		
	…						○			

图 2-42　L 形矩阵图的基本形式

（2）选择矩阵图类型　按照选定矩阵图的基本形式制作图形。

（3）选择各事项的相关因素　按照重要程度或发生频率大小等顺序填填入相应的位置。

（4）分析各元素间的关联关系　分别确定两栏间对应两项内容的关联关系，并根据关联的强弱程度，用符合标记在相应的交叉点上。

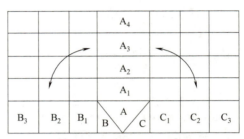

图 2-43　T 形矩阵图的基本形式

（5）确认关联关系　分别以每栏元素为基础，将其与其他项目的关联关系及符号加以确认。

（6）评价重要程度　对各交叉点标记关联符号所表示的强弱程度分别打分，例如◎为 5 分，○为 3 分，△为 1 分。按行和列统计总分，以各栏每项内容得分多少作为其重要程度的定量评价，进而给予各个项目以总评价。这种方法适合根据积分来评价重要程度和优先程度的场合。

5．应用举例

某 QC 小组针对提高异型钢构件安装精度的 3 个要因提出了 6 种方案，并利用 L 形矩阵图进行分析比较，以确定最佳方案，如图 2-44 所示。

序号	要因	对策方案	对策评估				综合得分	选定方案
			有效性	可实施性	经济、时间性	可靠性		
1	吊装就位困难	按轴线位置定位	4	2	2	2	10	×
		按模型放样立体定位	4	4	4	4	16	√
2	构件拼接时尺寸不好控制	直接控制构件尺寸	3	4	3	3	13	×
		拉钢丝及弹出控制线	4	5	3	5	17	√
3	焊接方法不当	改变焊接顺序	4	4	4	5	17	√
		焊缝逐条焊接，跟踪控制	2	4	4	3	13	×

图 2-44　提高异型钢构件安装精度方案分析矩阵图

2.20 箭条图

1. 基本概念

箭条图（Arrow Diagram）又称网络图、矢线图、网络计划图或双代号网络计划图。是用网络的形式来安排一项工程（产品）的日历进度，说明其作业、工序之间的关系，计算作业时间和确定关键作业路线，建立最佳日程计划，高效率地管理作业进度的一种方法。箭条图源于统筹法的网络计划技术，是为克服进度计划横道图（甘特图）在计划安排上的不足而发展起来的一种多功能的制订和管理计划的图示技术。运用箭条图可以清楚展示各项作业、工序能否如期完成，对整体计划进度的影响程度。当其中某项作业、工序提前或延迟，可以迅速量化地展示出对整体计划进度的变化，以确保准确掌握工作进程，有利于从全局出发，统筹安排、抓住关键路线，集中力量，按时或提前完成计划。

箭条图在施工领域应用较为广泛，依据《工程网络计划技术规程》JGJ/T 121—2015，常用的工程网络图（计划）类型包括：双代号网络计划、单代号网络计划、双代号时标网络计划、单代号搭接网络计划。下面以双代号网络计划为例介绍网络图。

2. 一般形式

箭条图由矢线、节点、标注组成，如图2-45所示。

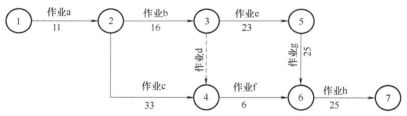

图 2-45 箭条图的一般形式

（1）矢线 矢线泛指一项需要消耗人力、物力和时间的具体活动过程，也称工序、活动、作业，每一条矢线表示一项工作。矢线的箭尾节点表示该工作的开始，矢线的箭头节点表示该工作的完成。

箭条图中的每一条实矢线都要占用时间，并多数需要消耗资源。具体到工程建设而言，一条矢线表示项目中的一个施工过程，可以是一道工序、一个分项工程、一个分部工程或一个单位工程。有时，为了正确地表达箭条图中各工作之间的逻辑关系，常常需要应用虚矢线。虚矢线是实际工作中并不存在的一项虚设工作，不占用时间和不消耗资源，一般起着工作之间的联系、区分和断路作用。

（2）节点 节点又称结点、事件。节点是箭条图中矢线之间的连接点。在时间上节点表示指向某节点的工作全部完成后该节点后面的工作才能开始的瞬间，节点反映前后工作的交接点。节点分为起点节点、终点节点和中间节点。节点应用圆圈表示，并在圆圈内标注编号。一项工作应当只有唯一的一条箭线和相应的一对节点，且要求箭尾节点的编号小于箭头节点的编号，节点自编号顺序从小到大，可不连续，但不允许重复。

（3）标注 标注是指在箭线上、下的标注。一般工作名称和工作代号可标注在矢线的上方，完成该项工作所需要的持续时间可标注于矢线的下方，如图 2-46 所示。

(4) 线路　网络图中从起始点开始，沿箭头方向顺序通过一系列箭线与节点，最后达到丝点节点的通路称为线路。一个箭条图中可能有多条线路，可依次用该线路上的节代号来记述，线路中各项工作持续时间之和就是该线路的长度，即线路所需的时间。如图 2-45 所示，网络计划中有 3 条线路：①→②→③→④→⑥→⑦、①→②→④→⑥→⑦、①→②→③→⑤→⑥→⑦。在各条线路中，有一条或几条线路的总时间最长，称为关键线路，一般用双线或粗线标注。其他线路长度均小于关键线路，称为非关键线路。

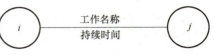

图 2-46　双代号网络计划标注

3. 应用范围

1) 新产品开发日程计划的制订和改善。
2) 试产阶段计划的制订及管理。
3) 量产阶段计划的制订及管理。
4) 工程安装、维修计划和管理。
5) 较复杂活动的筹办及计划的管理。

4. 应用步骤

(1) 确定目标和约束条件　确定要实现的目标（如应完成的项目与工期）以及企业资源、环境等的约束条件。

(2) 项目分解　将整个项目用系统方法逐层分解，直到可以实施管理的子项目为止。

(3) 编制作业一览表　根据项目分解得出的子项目，编制作业一览表。

(4) 确定作业顺序　按照技术上的要求和资源条件（人力、机器、原料）的许可，确定各个作业之间的先后次序，由小到大进行编号。

(5) 箭条图的绘制　箭条图可手编绘制也可在计算机上实现。

1) 根据作业一览表和作业顺序，绘制箭条图。用矢线"→"代表某项作业过程，如 0→①、①→②等。矢线杆上方可标出该项作业内容，下方可标出过程所需的时间数，作业时间单位常以日或周表示。

2) 绘制箭条图时节点与矢线的关系如下：
① 进入某一节点的各项作业必须全部完成，该节点所表示的事件才能出现。
② 某一节点出现后，由该节点引出的各项作业才能开始。

3) 两个节点之间只能有一项作业。当两个节点间有二项或以上可以平行进行的作业时，其他一项或几项则用虚矢线表示的虚拟作业来连接，说明该两节点间存在的逻辑关系。

4) 对于小型项目，绘制一张总图即可；而对于大型项目，需先按子系统分别绘制，然后将各接口间衔接而汇成总箭条图。

5) 在实施过程中还要进行分析和调整。

6) 确定各项作业过程时间，可用经验估计法又称三点估计法求出。通常，作业时间按三种情况进行估计：
① 乐观估计时间，用 a 表示。
② 悲观估计时间，用 b 表示。

③ 正常估计时间，用 m 表示。

则：经验估计作业时间 = $(a+4m+b)/6$

例如，对某一作业过程的时间估计 a 为 2 天，b 为 9 天，m 为 4 天，用三点估计法估算的作业时间为 $(2+4\times4+9)/6 = 4.5$（天）。

7）绘出箭条图。如图 2-47 所示为某一项目的箭条图。

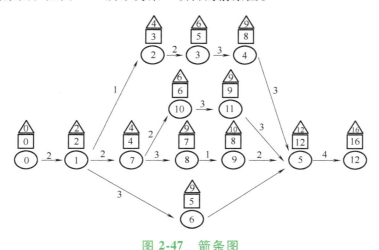

图 2-47　箭条图

8）各节点时间计算。箭条图时间的计算，包括最早开工时间（ES）、最早完工时间（EF）、最晚开工时间（LS）、最晚完工时间（LF）和总时差（TS）等。用以确定关键路线，进行进度的优化。

① 计算每个结合点上的最早开工时间。某节点上的最早开工时间，是指从始点开始顺箭头方向到该结合点的各条路线中，时间最长一条路线的时间之和。例如图 2-48 从始点到节点⑤就有四条路线。

这四条路线的时间之和，分别为 11、8、10、12。所以，节点⑤的最早开工时间为 12，通常可写在方框内表示。其他各节点最早开工时间的计算同理，如图 2-48 所示。

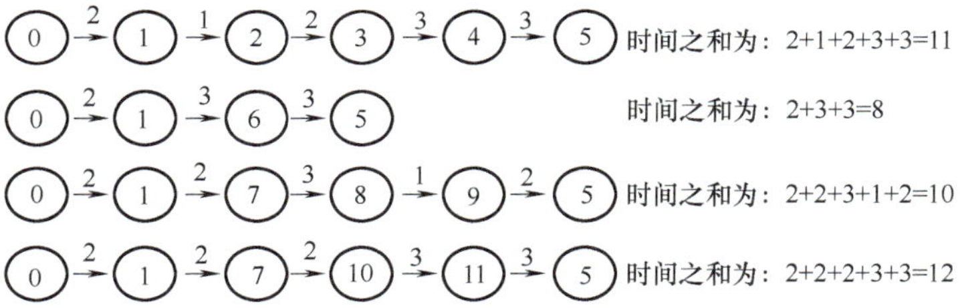

图 2-48　线路时间

② 计算每个节点上的最晚开工时间。某节点上的最晚开工时间，是指从终点逆箭头方向到该节点的各条路线中时间差最小的时间，如图中的节点①。从终点到节点①有四条路线，如图 2-49 所示。

这四条路线的时间差，分别为 3、6、4、2。所以，节点①的最晚开工时间为 2。通常可将此数写在三角形内表示。其他各节点的最迟开工时间计算同理。

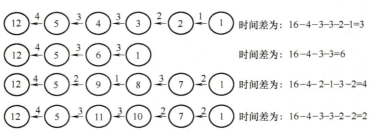

图 2-49 线路时间差

③ 计算时差。时差是指在同一节点上最早开工时间与最晚开工时间之间的时间差。

④ 找出关键路线。有时差的节点,对工程的进度影响不大,属于非关键工序。无时差或时差最少的节点,就是关键工序。把所有的关键工序按照工艺流程的顺序连接起来,就是这项工程的关键路线。表 2-23 是根据图 2-47 进行的计算,从表中可以看出,a、b、e、g、h 是关键工序,a→b→e→g→h 是关键线路。

表 2-23 箭条图法时间计划表

工序代号	节点号	作业时间	最早开工时间	最晚开工时间	最早完成时间	最晚完成时间	时差	是否关键工序
a	①—②	11	0	0	11	11	0	是
b	②—③	16	11	11	27	27	0	是
c	②—④	33	11	36	44	69	25	否
e	③—⑤	23	27	27	50	50	O	是
f	④—⑥	6	44	69	50	75	25	否
g	⑤—⑥	25	50	50	75	75	0	是
h	⑥—⑦	25	75	75	100	100	0	是

5. 应用实例

为了在 QC 小组课题活动的对策实施过程中,合理安排时间,发挥最大的效率,某 QC 小组人员通过对策实施箭条图对各项对策的实施进度进行管理控制,如图 2-50 所示,时间单位为天),同时计算了各个工序最早开始、最早完成时间,最迟开始、最迟完成时间,以及总时差见表 2-24。

表 2-24 箭条图作业时间计算表

工序代号	节点号	作业时间	最早开始时间	最早完成时间	最迟开始时间	最迟完成时间	总时差
A	(1,2)	4	0	4	62	66	62
B	(1,3)	1	0	1	45	46	45
C	(1,4)	10	0	10	24	34	24
D	(1,5)	35	0	35	0	35	0
E	(2,6)	4	4	8	66	70	62
F	(3,7)	6	1	7	46	52	45

（续）

工序代号	节点号	作业时间	最早开始时间	最早完成时间	最迟开始时间	最迟完成时间	总时差
G	(4,8)	12	10	22	34	46	24
H	(5,9)	15	35	50	35	50	0
I	(7,10)	15	7	22	52	67	45
J	(8,11)	12	22	34	46	58	24
K	(9,12)	10	50	60	50	60	0
L	(10,13)	3	22	25	67	70	45
M	(11,14)	12	34	46	58	70	24
N	(12,16)	10	60	70	60	70	0

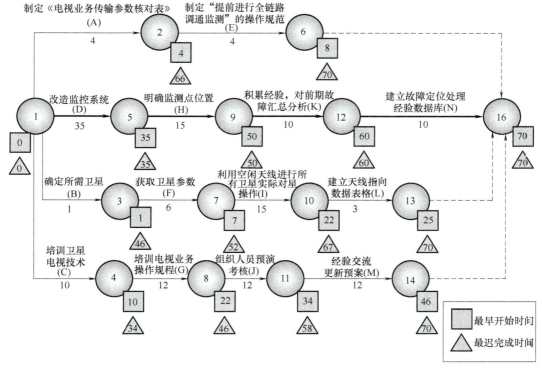

图 2-50　对策实施箭条图

通过计算时差，可找出其中关键工序项为 D、H、K、N；关键路线为①→⑤→⑨→⑫→⑯，如图 2-50 中粗线部分。

6. 箭条图注意事项

1) 应用箭条图要注意各节点有结束才有开始。
2) 平行作业，不多花时间。
3) 一个作业只能用一个箭头，顺序一般从左向右，不得有回路。
4) 行不通的程序应用虚箭头表示，并注明原因。
5) 在实施过程中，发生新情况、新问题时，应及时采取新程序。

第3章　质量管理小组成果整理、发布与评审

3.1　QC小组活动成果的整理

QC小组全体成员经过共同努力，完成一个课题的活动循环之后，无论是否达到了预期目标，都应该认真总结，以利于今后QC小组活动的有效开展。对于达到了预期目标的成果，总结后应经过整理形成成果报告。

1. 整理成果报告的目的

（1）全面回顾QC小组活动的过程　经过QC小组全体组员的共同努力，完成了选定的活动课题，实现了预期的目标。QC小组成员坐下来共同回顾整个活动过程，使全体成员重温活动各环节、各步骤，通过QC小组活动取得的改进程度与成果，了解QC小组取得的进步，为企业带来的有形和无形的价值。

（2）通过总结、提升QC小组成员工作能力　QC小组成员共同整理成果报告，条理化、系统化、科学化地将活动过程和成果加以总结、提炼，有助于提升QC小组成员概括总结能力及养成科学总结的习惯。当然这其中有对成功经验的总结，也有对失败教训的反思，找到QC小组活动过程及每个成员的闪光点，以便在今后的活动中发扬光大，同时也有利于QC小组发现活动中的不足，在今后的活动中逐步改善、提高。

（3）知识梳理，为今后开展QC小组活动奠定基础　通过成果报告的整理，QC小组成员可以将整个活动各步骤中学到的知识进行系统的梳理，包括业务技能的提升、QC小组活动过程技巧的掌握、工具方法的运用等。通过将活动记录的整理，QC小组成员知识、技能、经验的汇总以及QC成果的产生，形成QC小组的技术储备库，为今后的QC小组活动打下更好的基础，也使QC小组成员的知识管理水平得以提高。

（4）增进感情、促进协作，有效增进QC小组成员之间的协助精神　QC小组成员通过对整个活动过程的回顾和成果的整理，深切体会活动过程的艰辛、快乐与成功的喜悦，增强彼此之间的了解，相互之间更加和谐融洽，更加热爱并愿意参加QC小组活动。同时，通过报告的整理，得到领导和他人的认可，QC小组成员的成就感得到增强，感受到自我价值的实现。

2. 成果报告的整理

（1）基本要求　成果报告是QC小组活动全过程的书面表现形式，是其活动的真实写照。成果报告是在QC小组活动原始记录的基础上，经过QC小组成员共同讨论，总结整理

出来的。

总结、整理 QC 小组活动成果报告基本要求如下:

1) 要有利于 QC 小组自身的提高。要保证成果报告的真实性,而不是靠哪一位"秀才"无中生有"编"出来的。通过对已解决课题的总结,来提高解决问题的能力。

2) 要便于发表交流。通过发表交流,QC 小组成员互相激励、互相启发、共同提高。

(2) 整理成果报告的步骤

1) 召开 QC 小组成员会议。由 QC 小组组长召集小组全体成员开会,认真回顾本课题活动全过程,总结分析活动的经验教训。如选题是否适宜、问题分析是否全面、原因分析是否透彻、措施的针对性强不强等;畅谈活动中体会最深的是什么,成果报告的中心问题是什么。会上确定收集活动记录、整理资料和整理成果报告的分工,如由谁执笔、由谁负责收集整理哪方面的资料、何时交给执笔人,以及下次集体讨论修改成果报告初稿的时间和方式等。

2) 收集和整理 QC 小组活动的原始记录。按照 QC 小组成员分工,搜集和整理 QC 小组活动的原始记录和资料。这些原始记录和资料包括:QC 小组开展集体活动的会议记录,本课题的现状调查的有关数据和调查记录,对策实施过程中进行试验、检测、分析的数据和记录,以及课题目标与国内外同行业的对比资料,与企业历史最好水平的对比资料,活动前后的对比资料,各种工具方法运用的图表等。

3) 整理成果报告初稿。由成果报告执笔人在掌握上述资料的基础上,综合 QC 小组成员的意见,按照 QC 小组活动的基本程序整理成果报告初稿。

4) 完成成果报告。将执笔人整理出的成果报告初稿提交 QC 小组成员全体会议讨论,由全体成员认真修改、补充、完善,最后由执笔人集中大家意见,修改完成成果报告。

成果报告整理步骤如图 3-1 所示。

(3) QC 小组活动成果报告的类型、基本内容和表达方式 了解、掌握 QC 小组活动成果报告的类型和基本内容,对于选择恰当的方式表达活动成果和交流活动内容有着重要的作用,一项优秀的成果只有通过与之相适应的表达方式,才能达到最佳效果。

1) QC 小组活动成果的形式。QC 小组活动取得的成果可以分为两类:有形成果和无形成果。

有形成果主要是指那些可以用物质或价值形式表现出来,通常能直接计算其经济效益的成果。如提高产品质量、降低物资消耗、减少设备故障停机时间、提高劳动生产率、缩短交货期等。

无形成果是与有形成果相对而言的,通常是指难以用物质或价值形式表现出来,无法直接计算其经济效益的成果。如改善生产

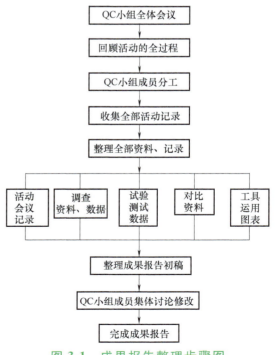

图 3-1 成果报告整理步骤图

（工作）现场环境、改善人际关系、提高 QC 小组成员自身素质、加强 QC 小组自主管理、改进 QC 小组活动方法、提高活动有效性与活力等。

无形成果在开发 QC 小组成员潜能、调动员工积极性、提高人的素质、培养人才、增强团队的凝聚力等方面发挥着重要的作用。无形成果往往表现在人们精神面貌的变化上，如敬业精神、工作自觉性、主动性、工作技能、协作精神的增强等。人们这种精神的、心理的积极变化，必将对企业在经济效益方面产生更深刻、更广泛、更长远的影响。

通常情况下，无形成果并不是独立的一类 QC 小组活动课题产生的，而是与有形成果相伴而生、互相融合与渗透的，即 QC 小组活动在取得有形成果的同时，会伴随着一些无形成果的出现；而无形成果的取得，使 QC 小组成员真正体会到 QC 小组的精神与实质，掌握做事的思维与方法，在今后长期活动中，自然会产生出有形成果。如在"不合格品率减半"活动课题取得有形成果的同时，QC 小组成员的质量意识提高了，质量责任心和自我控制能力增强了。这些相伴而生的无形成果也应给予总结、交流、表彰，以推动 QC 小组自身建设和今后的巩固与发展。

2）成果报告的基本内容。成果报告的基本内容参照《质量管理小组活动准则》T/CAQ 10201—2020 第 4 章相关规定，分为问题解决型课题和创新型课题两种类型，问题解决型课题分为自定目标课题和指令性目标课题两种类型，基本内容如下（参考）。

问题解决型自定目标课题 QC 小组成果报告的基本内容：
① 选题背景（包括工程简介、课题介绍等内容）；② 小组简介；③ 选择课题；④ 现状调查；⑤ 设定目标；⑥ 原因分析；⑦ 确定主要原因；⑧ 制订对策；⑨ 对策实施；⑩ 效果检查；⑪ 制订巩固措施；⑫ 总结和下一步打算。

问题解决型指令性目标课题 QC 小组成果报告的基本内容：
① 选题背景（包括工程简介、课题介绍等内容）；② 小组简介；③ 选择课题；④ 设定目标；⑤ 目标可行性论证；⑥ 原因分析；⑦ 确定主要原因；⑧ 制订对策；⑨ 对策实施；⑩ 效果检查；⑪ 制订巩固措施；⑫ 总结和下一步打算。

创新型课题 QC 小组成果报告的基本内容：
① 选题背景（包括工程简介、课题介绍等内容）；② 小组简介；③ 选择课题；④ 设定目标及目标可行性论证；⑤ 提出方案并确定最佳方案；⑥ 制订对策；⑦ 对策实施；⑧ 效果检查；⑨ 标准化；⑩ 总结和下一步打算。

3）成果报告的表达方式。QC 小组活动成果报告根据实际需要的不同，可选择有以下表达方式：

① "一张纸"式的活动成果报告表达方式。把 QC 小组活动的各步骤概要地整理在一张纸上，既便于交流，又便于保存。例如将每个 QC 小组的成果报告以摘要的方式汇总在一张纸上，以图表数据为主，重点突出，通过这张纸，就能了解 QC 小组成果报告的基本内容，这种方法在企业内部交流中特别有效。

② "电子文档"表达方式。在 QC 小组活动过程中，使用计算机将 QC 活动过程中产生的相关资料收集、整理、汇总，并保存在计算机中。QC 小组活动总结时，按不同选题类型的基本内容要求形成成果报告。成果报告的表达方式可以是电子文本或 PPT 演示文稿。这样做，既便于查阅，也便于进行演示交流。

③ "报告书"表达方式。将"电子文档"电子文本或 PPT 演示文稿打印并装订成册，

即形成"报告书"。这样做，便于随手查阅，适合在交流或培训时使用。

成果报告采用哪种表达方式可根据需要确定，只要能简明、清晰地反映 QC 小组活动的全过程，显示出活动全过程的基本事实、主要数据和运用的统计方法就可以了。

3. 注意事项

QC 小组在总结、整理成果报告时要注意以下几个问题。

（1）按活动程序进行总结　QC 小组在开展活动、解决课题时是按活动程序进行的，在课题解决之后，再按活动程序一个步骤、一个步骤地进行总结回顾，看看各步骤之间是不是做到了紧密衔接，每一个步骤所做出的结论是否有充分的依据和说服力，所用的方法是否有错误的地方。只有通过认真全面的总结、整理，才能对管理技术的运用有更深刻的认识，真正提高 QC 小组成员分析问题、解决问题的能力。通过全面的总结、整理，仍会发现欠缺之处，在可能的情况下，QC 小组可进一步补充、完善。这样总结、整理出的成果报告，就有很强的逻辑性，一环扣一环地把全部活动过程交代清楚，使其他小组能从中得到启发。

（2）重点突出，特点鲜明　应根据 QC 小组课题活动的实际情况，将课题活动的难点、特点总结出来，将本次课题活动中 QC 小组成员下的功夫最大、收获最多之处更多地反映到报告中。例如，QC 小组在现状调查中下的功夫最多，那么就要把 QC 小组成员是如何对现状从一个个侧面、一层层地调查分析数据，从而找出问题的症结所在的事实重点写清楚。如果 QC 小组成员在制订对策时，充分地发挥了每个人的创造性，提出了很多好对策，那么就要把大家提出的各种对策，以及如何从中筛选出最好对策的过程重点地反映在成果报告中，这样就能把成果内容总结、整理得生动、活泼、充实。这不仅使 QC 小组成员本身得到启发，也可为其他小组提供很好的借鉴。

（3）数据说话，简明扼要　成果报告要以图、表、数据为主，配以少量的文字说明来表达，尽量做到标题化、图表化、数据化，使成果报告清晰、醒目。如果用密密麻麻的文字叙述为主体的成果报告，其交流效果是很不好的。当然这里所说的数据，指的是必要的、有用的数据，并不是数据越多越好，与本次课题活动内容无关的数据也列在成果报告中，会喧宾夺主，应予以删除。所说的图、表，指的是反映必要数据和方法的图、表，而不是为了美观而增加的图画。这里特别要提醒 QC 小组成员，千万不要把成果报告整理成发表人的演讲稿，也不要整理成与活动课题无关的照片或花草等的点缀，而少了数据和方法的图表。这样往往会分散注意力，影响交流效果。这种情况在 QC 小组成果报告中并不少见。

（4）不要用专业技术性太强的名词术语　当 QC 小组成果到行业外交流、发表时，报告中不要用专业技术性太强的名词术语，在不可避免时（特别是在发表时），要用通俗易懂的语言进行必要的解释。因为成果发表的主要目的在于交流，其前提是要受众听懂，只有听懂了才能从发表的成果中得到启发，达到交流的目的。

（5）必要的 QC 小组介绍　在成果报告内容的前面，可简要介绍 QC 小组的组成情况。必要时还应对与 QC 小组活动课题有关的企业情况，甚至生产过程（或流程）做简单介绍，用以说明本 QC 小组活动课题是哪个环节发生的问题。在做小组概括介绍时，切忌将小组历年的活动课题及获得的荣誉也罗列出来，因为荣誉只说明过去，不能说明现在。只有当此次课题是在上次课题成果的基础上进行的，或是上次课题的延续，或是上次课题的遗留问题，则可以对前次课题略加说明。

总之，要把成果总结、整理好是要花一定工夫的，对此 QC 小组成员不要嫌麻烦，而要把它看成是锻炼提高的机会，这和运动员要提高水平一样，不通过刻苦训练就出不了成绩。QC 小组就是要通过实践，总结，再实践，再总结，来逐步提高科学地分析和解决问题的能力，逐步提高成果报告的水平，从而达到培养人才、开发人力资源的目的。

3.2 QC 小组活动成果的发布

QC 小组成员经过共同努力，使课题活动取得了成果，达到了预定的目标，不论成果的大小，也不论经济效益的多少，企、事业单位应该给他们提供发表成果的机会。成果发表可以在 QC 小组所在的基层单位，也可以在全公司范围。组织不同层次的 QC 小组成果发表，是 QC 小组活动的一个特色，具有其他形式难以取代的独特的作用。

1. 成果发表的作用

在 QC 小组活动取得成果后，组织成果发表，交流活动经验体会，是 QC 小组活动的重要组成部分，也是 QC 小组活动的一个特色。通过不同层面发表、交流活动体会，提高认知水平，更大程度得到社会认可。组织成果发表主要作用有以下几方面：

（1）相互启发，推动 QC 小组活动整体水平的提高　在成果发表会上，许多 QC 小组发表成果，谈经验体会，这就为每个 QC 小组学习别人的经验、寻找自己的差距提供了条件。通过成果发表会的提问答辩，可以起到相互启发、取长补短、共同提高的作用。

（2）鼓舞士气，体现 QC 小组成员自我价值　QC 小组成员在大庭广众下发表自己活动所取得的成果，并获得领导、专家和广大员工的承认，这种自我展示达到了施展才华、实现自我价值的目的。尤其对许多在生产、服务现场工作的一线员工更是难得。这必然会增强 QC 小组成员的荣誉感和自信心，起到激励和鼓舞士气的作用，为今后的 QC 小组活动增加动力。

（3）现身说法，吸引更多员工参加 QC 小组活动　通过 QC 小组成员讲述自己活动的过程与取得的成果，可以起到现身说法的作用，拉近 QC 小组与广大员工之间的距离，有说服力地解除人们对 QC 小组活动的种种疑虑，从而吸引更多的员工参加到 QC 小组活动中来，进一步带动 QC 小组活动更广泛、深入地开展。

（4）公正评价，扩大 QC 小组活动的群众基础　通过成果发表会，QC 小组成果得以公之于众，让专家和听众一起来评价。这样就可以增大评选优秀 QC 小组和优秀成果的透明度，使评选出的优秀 QC 小组和优秀成果具有广泛的群众基础。

2. 成果发表的组织工作

QC 小组成果发表意义重大，因此组织好成果发表工作，才能更好地发挥其作用。为搞好成果发表，成果发表会的组织者要关注发表会的各个环节，才能取得良好的效果，达到成果发表的目的，发挥成果发表的作用。

（1）成果发表的组织工作内容如下

1）组建优秀 QC 小组评审委员会。选聘一定数量、具有较高理论水平与丰富实践经验的专家担任评委，组成优秀 QC 小组评审委员会。确定成果发表的主持人，主持人一般由评审组组长或评委主任担任。评委会还应聘请评分统计员，按照规定的原则统计核实所得分数，公布名次等。

2）制订 QC 小组活动成果发表规则。QC 小组活动成果发表规则一般包括以下内容：

① 发表顺序由抽签方式确定。一经确定，不再变动。

② 发表时间：每个成果发表时间以 12min 左右为宜。发表到 11min 时，响铃提示，12min 再次响铃。发表完毕，当场公布本成果发表时间。发表时间最多不能超过 15min。

③ 提问：成果发表完毕，评委可以提问，由发表人解答，时间不超过 2min。

④ 发表得分：成果发表完毕，评委当场打分。各评委的评分，去掉一个最高分和一个最低分，平均分为该成果发表评审成绩，由主持人当场公布。

⑤ 发表扣分：发表时间超过规定发表时间，可根据情况酌情扣分，一般按照每超过 1min 扣发表平均分 0.5 分执行；非 QC 小组成员发表扣发表平均分 2 分。

⑥ 发表纪律：遵守时间，按时出席会议。未出席交流会或成果发表时无故不在场视为自动放弃，取消评奖资格。

3）做好 QC 小组成果发表准备工作。QC 小组成果发表准备工作包括：成果发表会时间、地点的确定；会场布置，发表成果时所需要的工具（投影仪、屏幕、笔记本电脑、录像机、台上和台下用的扩音器、激光笔、计时器、响铃器等）；如需评比名次，还需要制订发表规则，制订统一评分标准，准备评分记录表等。如果发奖，还要准备奖牌、奖杯、证书及奖品等。

QC 成果发表会工作流程可以按图 3-2 所示步骤进行。

（2）成果发表会应注意的问题

1）形式服从目的。为了更好地发挥成果发表的作用，QC 小组活动推进者和组织者应视不同情况区别对待，提倡不同特点的成果运用不同的形式发表，不搞"一个模式""一刀切"，更不要一味追求形式奇特、图表精美、动画新颖，为这些形式上的东西而忽略了成果发表的真正目的。比如在中小企业的厂级或大企业的分厂、车间级的成果发表会上，可以采用比较简单的方式，运用一张纸提纲式地发表成果，或用实物对比形式，突出 QC 小组特色和活动的重点内容介绍；可以让 QC 小组成员集体上台，一人发表一段，或一人介绍、多人模拟表演等灵活多样的形式，以求实效。这种形式简单、易操作，同时也更加生动有趣，吸引听众。而对大企业或行业、地区的成果发表会，可提出一些统一要求，如要上报成果报告材料，需制作电子演示文本（PPT），发表时间一般为 12min，并有 5～10min 的提问答辩时间等，但具体发表形式也可以根据 QC 小组的实际灵活选择。

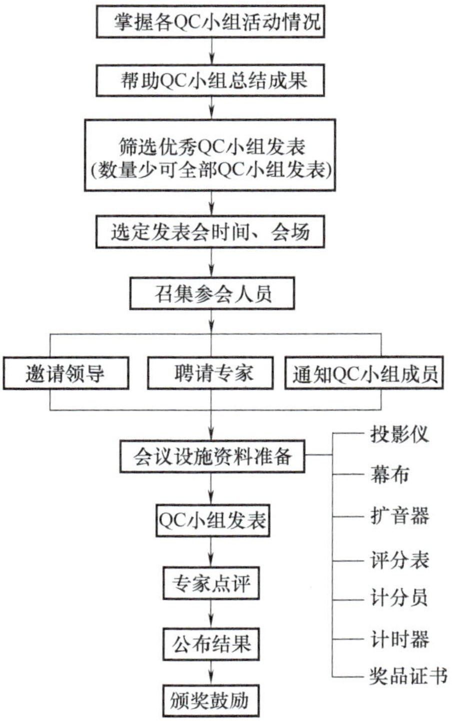

图 3-2 QC 成果发表会步骤图

2）引导对话交流。发表会的主持人要积极启发，引导听众对发表的 QC 小组开展交流，对其成果提出问题，由发表人或 QC 小组成员进行回答。提问是对课题不清楚的问题或是需要进一步探讨的问题；可以就提问人想学习的经验进一步发问，也可以就提问人看出来的问题发问，以确认发表成果的 QC 小组是否存在这方面问题等。发表人应就每一个提问进行简要回答。这样既可以活跃会场气氛，又能起到相互交流、共同提高的作用。

3）专家点评。每个成果发表答辩后，应由担任评委的专家给予客观的讲评。讲评中既要肯定 QC 小组成果的优点、好的经验和做法，又要实事求是地指出成果中的不足和问题，并提出改进建议。如果发表会上要发表的成果很多，而时间又很有限，不能对每个成果进行讲评，可以考虑在全部成果发表完毕后，由担任评委的一位专家汇总全部成果中的主要优点，特别是值得大家学习的好经验、突出特点，以及存在的主要问题（具有普遍性的问题和不允许存在的错误）等，进行统一讲评。这样可以使每次成果发表会都成为一次结合实际的教育机会，使与会者得到一次学习和提高。

4）邀请领导参加。组织者要尽可能邀请与成果发表会同一层级的主管领导参加会议，听取成果发表，并在全部成果发表结束、评委讲评后，发表即席讲话，为发表成果的 QC 小组鼓劲，并号召大家向他们学习，更加广泛地开展 QC 小组活动。如有可能，请领导人为获奖的优秀 QC 小组颁奖，并与发表成果的 QC 小组合影留念，以资鼓励。在这里，领导的权威、动员、号召和激励的作用是不可忽视的，而且往往能起到事半功倍的效果，会给后续的工作推进带来更大的动力和助力。

5）适当分类发表。在有条件的行业或地区，可以考虑按不同课题类型的 QC 小组分别召开成果发表会。如"创新型"课题、"问题解决型"课题。这样做既有助于根据不同特点更有效地交流经验，互相鼓励，又有利于相互比较，从中选拔出比较突出、优秀的 QC 小组。

3. QC 小组成果发表

一个成功 QC 小组成果发表会的组织者是全面策划人，进行全过程的组织安排，但发表会的主角是 QC 小组成员，QC 小组成果发表的好坏将直接影响到成果发表会的效果。

（1）发表前做好准备工作　为了使发表取得好的效果，QC 小组成员应认真研究选择恰当的发表形式。要根据不同场合、不同听众以及课题的特点而定。如在现场，可由一人发表，也可由多人发表；可以配合图、表或实物发表，也可以带有模拟性的表演式发表。发表形式不要一个模式，可灵活多样，生动活泼，不拘一格。但也要注意不要哗众取宠，始终不要忘记发表成果的作用。在准备发表成果所需的图片、实物或模型时，也要由 QC 小组成员共同分担，不要都加在一个人身上，要体现人人参与的精神。在正式发表之前，最好能在 QC 小组内进行一下"预演"，通过"预演"，让大家对发表时的仪态、声音、时间、重点、连贯性、动作等方面发表意见，提出不足和需要改进之处，群策群力，以提高成果发表水平。主要发表人应该是 QC 小组的骨干，这样才能讲得清楚明白，回答问题时应对自如，从而取得好的发表效果。

（2）注意发表时的细节　发表成果时，发表者应注意并处理好一些细节问题：①上台后先做自我介绍（在车间内发表可免），让听众知道发言者是本 QC 小组的主要成员；②如同给听众讲故事一样，自始至终都要语音洪亮、语言简明、吐字清楚、语气自信、语速有节奏，让人听起来感觉你是在讲自己做过的事，而不是在"背书"；③仪态要自然大方，不要过于拘谨和紧张，即使发表中出现了错、漏处也不要紧张，加以纠正和补充即可；④在本企业（或同行业）以外发表成果时，要尽量避免使用技术性很强的专业术语，必须使用时应略做解释，以使听众明白。

（3）回答问题要简洁、恰当　在成果发表完毕后的提问答疑时，态度要谦虚，要实事求是；对提问者要有礼貌，回答提问要简洁明了；提问较多时要有耐心，没听清楚的提问，可请提问者再重复一次；实属技术保密的问题，要婉言谢绝。有回答不出的地方，或者评委指出活动中有错误的地方要如实承认，今后改进。发表人对提问答疑应抱着一种共同探讨、互相学习、以求改进的态度来对待，不要视提问为"挑刺"而冷待。

（4）道具要简单、实用　发表时所用的"道具"应本着节约、实用的原则制作。如在企业内基层发表时，可用一块黑板、一支粉笔或一张综合性的图表，或一件实物、几张照片等最简单的"道具"，配合发表人的讲解；如在企业内高层次，或企业外更高层次发表时，可根据需要制作电子演示文本（PPT）等。但制作应简洁、清晰，以数据、图、表为主，配以小标题与必要的文字说明。片子数量要尽可能少，每张片子上的字、图、表也要少，投影到屏幕上使观众一目了然。切记不要不计成本地追求形式，或是成果报告全文"搬家"，片子多且文字密密麻麻一片，既浪费时间，效果又不佳。

3.3　QC 小组活动成果的评审

QC 小组课题活动完成了预定目标，QC 小组成员广泛收集数据，全面整理，形成了 QC 小组课题活动成果报告。QC 小组课题活动成果水平如何，活动效果怎样，还有哪些不足，下一步如何改进提高，就需要对活动的成果进行客观、公正、全面的评审。

1. 评审的目的

对 QC 小组活动成果的评审目的，就是对 QC 小组课题活动的成果按照 PDCA 循环，对课题活动过程的完整性、工具方法运用的正确性、课题活动的真实性及活动结果的有效性进行客观、公正、全面的评价，以肯定成绩、发现不足，促进 QC 小组活动水平的不断提升。当然，通过评审才能比较出不同 QC 小组课题活动的水平高低，有利于树立典范、表彰先进，激励 QC 小组成果不断追求更高的目标。

通过对 QC 小组活动成果的评审，可以对 QC 小组活动的深入开展起到很好的促进作用。主要体现在：

（1）有利于调动积极性　企业广大员工自主组织起来参加 QC 小组活动，进行质量改进，具有深远的意义。为此，在对 QC 小组活动成果进行评审时要充分肯定他们的成绩，帮助他们总结成功经验，同时诚恳地指出存在的缺点和不足，不应加以指责，更不要嫌弃，这样的评审能够充分地保护和调动 QC 小组成员活动的积极性。

（2）有利于提高活动水平　QC 小组经过活动取得成果后，他们愿意与大家一起分享成功的喜悦，同时也愿意听取领导、专家和同行的评价意见。因此通过对 QC 小组成果内容和活动过程的评审，认真负责地指出活动过程、工具方法应用等方面的缺点和不足，热情地帮助他们，能够不断地提高 QC 小组的活动水平。

（3）有利于相互交流启发　QC 小组活动成果发表是进行交流的主要方式，而评审活动成果对交流能起到引导作用。在成果评审中，由专家、领导、组织者对 QC 小组活动中成功的经验和正确的做法给予肯定，为其他小组树立典范，起到较好的引导作用；对 QC 小组活动成果中存在的缺点与不足，提出改进意见，也给其他小组提供前车之鉴，从中得到更好的启发与帮助。

2. 评审原则

QC 小组活动成果的评审包含肯定成绩、指出不足两个方面的内容。评审中如何识得准、抓得实是能否正确引导 QC 小组活动的关键，也是考验评审人员水平的要点。评审人员既要指明 QC 小组成果中的优点，以利于今后继续发扬光大，更要准确指出问题所在，而且要注意尺度的把握，使 QC 小组成员明白不足在何处，今后怎么做才能有所改进和提高，同时又使 QC 小组成员易于接受，避免挫伤他们的积极性。因此，在评审时要按以下原则进行。

（1）抓大放小，抓住主要问题　在评审 QC 小组活动成果时，无论是总结 QC 小组活动的成功经验，还是找出存在的主要问题，都要把握一个基本原则：从大处着眼，抓主要问题，即抓大放小。任何一个 QC 小组活动成果都不可能十全十美，都有其可学习的优势，也存在着缺陷和不足之处。只不过有的成果缺陷少一些，有的成果缺陷多一些。如果有的评审人员在评审时，主要的问题没有找出来，却找了一堆"微不足道"的小问题，将会把 QC 小组活动引导到不正确的方向，甚至会使被评审的 QC 小组产生反感，从而挫伤 QC 小组成员的积极性。因此，在评审过程中指出问题和不足，不求数量多，但求找得准，一定要抓住主要问题，才能有效果，并且有说服力。

当然，如何既快又准地抓住关键和重点不是一蹴而就的，而是在全面、深入掌握 QC 小组知识的基础上，熟悉 QC 小组活动过程，经过多次的实践、锻炼，逐步培养和训练出来的。评审时，要结合 QC 小组活动的特点来抓重点。主要从活动程序是否科学严谨、方法应用是否恰当正确、数据是否充分准确等方面把握。

（2）要客观有依据　给 QC 小组活动成果提出评审意见，特别是指出问题和不足时，一定要客观有依据。所谓客观，就是要依照事物的本来面目去考察，不能带有个人的主观与偏见。为此，对提出的每一条不足，都要有判定依据，看其是在 QC 小组活动程序上出现了问题，还是在应用方法工具中出现了错误，这样才能避免把个人的主观偏见带入到评审意见中。

（3）避免在专业技术上钻牛角尖　QC 小组活动完成所选择的课题，取得的成果中包含专业技术改进和管理技术提升两个方面，这就是常说的质量管理必须要将专业技术和管理技术两个"车轮"一起转动的道理。

每一个 QC 小组活动成果，其专业技术是各不相同的。同一个专业，各企业之间也由于设备条件不同、工艺不同、操作习惯不同、环境不同等，也会有很大差异，有的甚至还涉及专业技术秘密。而在管理技术方面则有较多的共性，可以交流，可以互相启发。因此，对 QC 小组活动成果的评审应更多地侧重于对其管理技术方面的评价，避免在专业技术上钻牛角尖。当然在企业内部评审 QC 小组活动成果时，必然会涉及专业技术方面，企业首先应该在专业技术方面把好关的基础上，侧重从管理技术方面提出评价改进意见。

（4）不以经济效益的大小作为成果优劣的依据　对 QC 小组活动成果的评审，往往是与评选各级优秀 QC 小组结合在一起进行的，因此除提出评审意见外，还要采用评分的办法评出哪些小组的成果更好一些。

开展 QC 小组活动就是要解决现场存在的问题，达到 QC 小组活动课题的目标。获得的经济效益高，QC 小组课题活动的效果和影响会更大一些，这是不可否认的。但是，QC 小组活动倡导的是"小、实、活、新"，提倡员工，特别是生产、服务现场一线的员工自发组织起来，围绕身边的问题进行改进。很多小课题取得成果后，所产生的经济效益与那些大型的"问题解决型"课题成果所产生的经济效益是无法相比的，甚至可以说是"微不足道"。但是，员工通过参加 QC 小组活动，围绕着企业经营战略、方针目标和身边存在的问题不断进行改进、创新，学到了更多的质量管理知识，掌握了科学的思维方式，增强了解决问题的能力，提高了自身的素质，实现了自身价值，激发了积极性和创造性，企业也因此培养和造就了人才，开发了人力和智力资源，这些是开展 QC 小组活动的首要任务。

如果在评审 QC 小组成果时，经济效益越高得分就越高，则那些小课题，特别是一些非常有实用价值的"问题解决型"的成果，就无法进入各级优秀 QC 小组的行列，这必然会挫伤广大现场员工参加 QC 小组活动的积极性。因此在评审和评选 QC 小组活动成果时，切忌以单纯以经济效益的高低作为主要评审标准。不仅要看经济效益，也要看社会效益；不仅要重视有形成果，也要重视无形成果；不仅要鼓励大成果，更要鼓励小成果。特别值得指出的是，在企业内部的成果评审中应该更要注重对 QC 小组活动过程的评审。

3. 评审的标准

评审和评选优秀 QC 小组活动成果时，评审的标准应该参照《质量管理小组活动准则》T/CAQ 10201—2020 的相关规定，这一标准规定 QC 小组活动成果的评审分为现场评审和成果评审两个部分。

中国质量协会规定，由于行业特点而不适合采用时，可作适当修订，但需遵循上述标准的原则及内涵。

（1）QC 小组活动成果的现场评审　QC 小组活动开展得如何，最真实的体现是活动现场。因此，对现场的评审是 QC 小组活动成果评审的重要内容之一。现场评审包括 QC 小组活动的概况、活动过程的记录、QC 小组成员的培训等，以此全面了解 QC 小组活动的真实过程，验证 QC 小组活动的真实性和成果的有效性。提倡企业推进 QC 小组活动中，更多地要侧重于现场评审，这样才能鼓励和引导 QC 小组把活动做实，并且有助于 QC 小组成员活动技能的提升。通过活动过程和现场的评审，可以展现 QC 小组每个成员的工作、价值，也就能更好地调动 QC 小组成员参与活动的主动性，认识到自己的价值。

现场评审的意义有两个方面：一是组织对每一个完成的 QC 小组活动及成果的认可，对每一位 QC 小组成员所付出的努力和贡献的认可，以此激发广大员工参与质量改进的热情和积极性；二是使每项成果都能够更好地应用于生产和服务实践，为企业创造更大的效益。

1）评审原则。

① 坚持 QC 小组活动过程与活动效果相结合，充分体现成果的实用性和价值。

② 坚持管理技术与专业技术相结合。

③ 注重全体 QC 小组成员积极参与，发挥聪明才智，自主解决问题的程度和实效。

④ 注重对 QC 小组活动过程的评审。

2）评审组织。

① QC 小组活动取得成果后，应向本单位主管部门申报现场评审。主管部门应组织评审组到申报 QC 小组所在的现场进行现场评审。

② 现场评审由组织主管部门牵头，组织 QC 小组所在单位的质量工程师、技术员，以及熟悉 QC 小组活动的 QC 骨干组成评审组，一般不少于 5 人。评审组成员中应有 1~2 名省、市、行业或国家级 QC 小组活动诊断师参加。

3）评审方法。

① 现场查验。评审组直接到现场听取 QC 小组活动过程及成果的简要汇报，查看 QC 小组活动记录，与 QC 小组成员交谈，以验证该 QC 小组成果的真实性和有效性。

② 打分。评审组在验证活动的基础上按表 3-1 进行独立打分。

表 3-1　QC 小组活动现场评审表

序号	评审项目	评审方法	评审内容	分值
1	QC 小组的组织	查看记录	（1）QC 小组和课题进行注册登记 （2）QC 小组活动时，QC 小组成员出勤及参与各步骤活动情况 （3）QC 小组活动计划及完成情况	10 分
2	活动情况与活动记录	听取介绍 查看记录 现场验证	（1）活动过程按 QC 小组活动程序开展 （2）活动记录（包括各项原始数据统计方法等）保存完善、真实 （3）活动记录的内容与发表材料一致	30 分
3	活动真实性和活动有效性	现场验证 查看记录	（1）QC 小组课题对技术、管理、服务的改进点有改善 （2）各项改进在专业方面科学有效 （3）取得的经济效益得到相关部门的认可 （4）统计方法运用适宜、正确	30 分
4	成果的维持与巩固	查看记录 现场验证	（1）QC 小组活动课题目标达成，有验证依据 （2）改进的有效措施或创新成果已纳入有关标准或制度 （3）现场已按新标准或制度执行 （4）活动成果应用于生产和服务实践	20 分
5	QC 小组教育	提问或考试	（1）QC 小组成员掌握 QC 小组活动程序 （2）QC 小组成员对方法的掌握程度和水平 （3）通过本次活动，QC 小组成员的专业技术、管理方法和综合素质得到提升	10 分

③ 写出评审意见。评审组就现场观察及查验结果写出评审意见。

评审意见包括主要优点、问题和结论三部分。优点可重点表述 QC 小组完成的课题，QC 小组成员的努力程度，活动过程中各步骤的记录、原始资料是否齐全，各活动过程中的准确性和有效性，管理技术应用和专业技术创新特色，该成果在企业中的作用、有无推广应用价值等；然后结合 QC 小组活动现场查证的事实说明存在的主要问题和不足；最后给出结论。

4）注意事项。

① 对 QC 小组活动成果的现场评审体现了组织领导对 QC 小组活动的关心和支持，是组织提高质量、创新和开发人力资源的重要保证。因此，QC 成果的现场评审应做到组织落实、过程严谨、评审公正。

② 现场评审要在 QC 小组完成课题且申报后进行，要有计划、有组织，不走过场，不搞突击。提倡评审坚持原则、机动灵活，鼓励 QC 小组真实、朴实、现实，成果不修饰、不夸

大。如采取一块板、一张纸、一支笔等形式。

③ 关注 QC 小组活动课题所涉及的产品、服务、管理和安全质量等是否有明显的改善或提升；统计方法的运用是否正确、恰当、有效；成果巩固、活动目标是否完成等情况。各项改进措施是否纳入相关标准并严格执行。

④ 对组织而言，现场评审不能忽略技术问题，应对 QC 成果从技术上严格把关，防止由现场质量改进给安全、环境等方面带来负面影响。如：某 QC 小组为解决事故照明在事故报警的情况下，照明电源不能启动的问题，经过活动设计并安装了事故照明自动启动装置，结果是某一区域处于事故状态，整个区域事故照明全部启动，造成直流蓄电池负荷过载。所以现场评审一定要在技术上把好关，做到管理技术与专业技术评审相结合。

⑤ 尊重客观，用数据说话。现场评审时指出的每条不足都应以事实和数据说话，通过评审使 QC 小组明确改进的方向。

（2）QC 小组活动成果的发表评审 在 QC 小组活动成果发表时，为了互相启发、学习交流、肯定成绩、指出不足，以及评选优秀 QC 小组，要对成果进行发表评审。QC 小组活动成果的发表评审标准，按照《质量管理小组活动准则》T/CAQ 10201—2020 的规定，根据选题类型的不同，分为问题解决型课题成果评审表和创新型课题成果评审表两种，因问题解决型和创新型课题成果活动程序有所不同，二者的评审内容和重点有些差异，问题解决型课题成果评审表见表 3-2，创新型课题成果评审表见表 3-3。

表 3-2 问题解决型课题成果评审表

序号	评审项目	评审内容	分值
1	选题	（1）所选课题与上级方针目标相结合，或是 QC 小组现场急需解决的问题 （2）课题理由明确，用数据说话 （3）现状调查（自定目标课题）为设定目标和原因分析提供依据；目标可行性论证（指令性目标课题）为原因分析提供依据 （4）目标可测量、可检查	15 分
2	原因分析	（1）针对问题或症结分析原因，逻辑关系清晰、紧密 （2）每一条原因已逐层分析到末端，能直接采取对策 （3）针对每个末端原因逐条确认，以末端原因对问题或症结的影响程度判断主要原因 （4）判定方式为现场测量、试验和调查分析	30 分
3	对策与实施	（1）针对主要原因逐条制订对策；进行多种对策选择时，有事实和数据为依据 （2）对策按"5W1E"要求制订 （3）按照对策表逐条实施，并于对策目标进行比较，确认对策效果 （4）未达到对策目标时，有修改措施并按新的措施实施	20 分
4	效果	（1）QC 小组设定的课题目标已完成 （2）确认 QC 小组活动产生的经济效益和社会效益实事求是 （3）实施的有效措施已纳入相关标准或管理制度等 （4）QC 小组成员的专业技术、管理方法和综合素质得到提升，并提出下一步打算	20 分

（续）

序号	评审项目	评审内容	分值
5	成果报告	（1）成果报告真实，有逻辑性 （2）成果报告通俗易懂，以图、表、数据为主	5分
6	特点	（1）QC小组课题体现"小、实、活、新"特色 （2）统计方法运用适宜、正确	10分

表 3-3 创新型课题成果评审表

序号	评审项目	评审内容	分值
1	选题	（1）选题来自内、外部顾客及相关方的需求 （2）广泛借鉴，启发QC小组创新灵感、思路和方法 （3）设定目标与课题需求一致，目标可测量、可检查 （4）依据借鉴的相关数据论证目标可行性	20分
2	提出方案并确定最佳方案	（1）总体方案具有创新性和相对独立性，分级方案具有可比性 （2）方案分解已逐层展开到可以实施的具体方案 （3）用事实和数据对每个方案进行逐一评价和选择 （4）事实和数据来源于现场测量、试验和调查分析	30分
3	对策与实施	（1）方案分解中选定可实施的具体方案，逐项纳入对策表 （2）按"5W1E"要求制订对策表，对策即可实施的具体方案，目标可测量、可检查，措施可操作 （3）按照制订的对策表逐条实施 （4）每条对策实施后，确认相应目标的完成情况，未达到目标时有修改措施，并按新措施实施	20分
4	效果	（1）检查课题目标的完成情况 （2）确认QC小组创新成果的经济效益和社会效益实事求是 （3）有推广应用价值的创新成果已形成相应的技术标准或管理制度；对专项或一次性的创新成果，已将创新过程相关资料存档 （4）QC小组成员的专业技术和创新能力得到提升，并提出下一步打算	15分
5	成果报告	（1）成果报告真实，有逻辑性 （2）成果报告通俗易懂，以图、表、数据为主	5分
6	特点	（1）充分体现QC小组成员的创造性 （2）创新成果具有推广应用价值 （3）统计方法运用适宜、正确	10分

4. 评审内容

按照QC小组课题活动成果评审的目的、原则和标准的要求，具体实施评价主要从以下几个方面着手：

（1）总体评价　无论是在活动现场还是在QC小组成果发表会上，QC小组发表完成之后，评审者首先要从总体上对该 QC 小组的活动课题成果进行综合全面的评价。包括以下 5 个主要方面：

1）成果类型。指明 QC 小组本次活动选择课题的类型。这是 QC 小组本次活动的基本出发点，是决定 QC 小组本次课题的活动程序的根本依据。如果 QC 小组选择的是"问题解决型"课题，却把它按照"创新型"课题开展活动，就会带来活动程序的错误。因此，在综合评价时首先指明 QC 小组本次活动课题的类型很关键。

2）目标值完成情况。评价 QC 小组本次课题活动目标值是否完成，以说明 QC 小组本次活动的最终结果是否实现了预期的目标，完成了既定的任务。以此来总体肯定 QC 小组的活动效果。

3）程序、方法应用情况。从总体上评价 QC 小组在活动程序方面逻辑性如何，在工具方法的应用方面准确性、有效性如何。给 QC 小组课题活动程序、方法应用水平有一个概括的总体评价，使 QC 小组成员对本次课题活动有一个总体的认识和定位。

4）有无推广意义。对 QC 小组本次课题活动的效果及推广意义进行评述。尤其要指明 QC 小组是在活动程序上哪些地方比较有特点，可以为广大 QC 小组学习借鉴，在工具方法应用上有哪些独到之处，特别是有哪些在其他小组活动中经常容易犯错误的地方，QC 小组做得既正确又有效，提请其他小组学习。通过这种结合发表案例的点评给所有 QC 小组成员留下深刻的印象，其推广效果往往比单纯的培训更好。

5）改进之处。对 QC 小组本次课题的成果给出总体评价后，应指明 QC 小组课题活动中需要改进的地方，为 QC 小组今后的活动指明方向。

（2）指出不足 对 QC 小组活动成果的评价要结合 QC 小组活动的特点进行。在总体评价基础上，遵循成果评审"四项基本原则"，从活动程序、方法应用上指明课题活动存在的不足。

1）程序方面。QC 小组活动是遵循 PDCA 循环的科学程序进行的，对活动成果的总结也应思路清晰，具有严密的逻辑性。因此，评审时首先要审查成果所展示的活动全过程是否符合 PDCA 的活动程序，是否按照程序环环相扣，体现出 QC 小组成员综合素质、能力水平和管理能力。如现状是否把握清楚了，查找症结问题是否科学有根据，原因分析及主要原因的确定是否科学、严谨，QC 小组的对策是否是针对已找到的主要原因来制订，对策制订后是否按对策表逐条实施等。在这里要特别关注我们在前面章节中对于活动具体程序的要求，掌握各步骤的关键注意事项，就能较准确地找出 QC 小组活动成果在程序方面存在的不足。

2）方法方面。QC 小组活动中要运用科学的统计方法，对收集的大量数据进行加工整理，去伪存真，去粗取精，把握事物的客观规律，寻找到解决问题的办法。如果统计方法应用不恰当、不正确，就会给 QC 小组活动带来错误的结论或错误的引导，使 QC 小组活动受挫，影响 QC 小组活动成果和效果。评审时要结合 QC 小组课题及活动过程，对 QC 小组工具方法应用的正确性、有效性进行评价，指出存在的问题。

5. 评审工作组织及形式

（1）企业内部的评审 基层企业对 QC 小组活动成果的评审要进行现场评审和发表评审。现场评审是企业对 QC 小组活动成果进行评审的重要方面。QC 小组取得成果，向企业主管部门申报后，企业要组织有关人员组成评审组，深入 QC 小组活动现场，面向 QC 小组全体成员，了解他们活动过程的详细情况，以及他们付出的努力、克服的困难、取得的成绩。

  现场评审的时间一般安排在 QC 小组取得成果后两个月左右为宜。相隔时间太短，不能很好地看出效果的维持和巩固情况；相隔时间太长，则不利于更好地调动 QC 小组成员的积极性。企业主管部门要组织熟悉 QC 小组活动的有关人员组成评审组，按照表 3-1 的内容进行评审。

  发表评审可在企业举办的 QC 小组成果发表会上进行。也要由企业主管部门聘请熟悉 QC 小组活动的有关人员组成评审组，一般不少于 5 人，必要时可以邀请外部专家。根据根据选题类型的不同，按表 3-2 或表 3-3 的内容进行评审计分。把现场评审和成果评审两项综合起来，就是对该 QC 小组活动成果评审的总成绩。企业评审的重心应放在审核成果的真实性及有效性上，因此建议现场评审的成绩占总成绩的 60% 左右为宜。

  (2) 各级协会的评审 各级质量协会对 QC 小组活动成果的评审，一般都和评选各级优秀 QC 小组结合在一起进行。

  各级质量协会为了树立典型、带动全局、交流经验、明确导向、肯定成绩、表彰激励，每年应定期召开 QC 小组活动成果发表会，在企业选派的优秀 QC 小组中，通过发表评审，评选出本地区、本行业的优秀 QC 小组和参加更高一级优秀 QC 小组评选的小组。

  各级质协对 QC 小组活动成果进行评审时，应由主办质协聘请懂质量管理理论、能指导 QC 小组活动、会评价 QC 小组成果的人员担任评委，组成评审组，评委一般不少于 5 人。在评选省、市级优秀 QC 小组时，为保证评审质量，更好地达到评审目的，使评选能在公平、公正的环境中进行，必须聘请经省、市质协考评合格并为省、市级 QC 小组活动诊断师的人员担任评委。在评选国家级优秀 QC 小组时，必须由具备全国 QC 小组活动注册中级推进者以上资格的人员担任评委。评审一般应按以下程序进行：首先由发表会的主办部门把参加发表的 QC 小组的成果材料提前交每一位评委进行审阅。评委审阅后，对每一个成果材料，按评审原则和评审标准提出初步的评审意见。包括对成果的总体评价和指出成果内容中的不足之处，做好成果发表评审前的准备。如果没有这样的准备，评委们很难在短短的 15min 发表后给出恰当的分数和正确的评价意见。

  在发表会场，听完每一个成果的发表及提问、答辩，评委们根据选题类型的不同，按表 3-2 或表 3-3 的内容逐条评分，评出成绩。同时还要根据发表及回答提问的情况，修正初步的评审意见。

  评审意见可提供给发表 QC 小组，作为今后 QC 小组活动中改进、提高的参考。

第4章 案例解析

4.1 问题解决型课题成果解析（自定目标课题）

提高内墙粉刷一次验收合格率

1. 工程概况

×××工程由 1 栋 9 层住宅楼、11 栋 11 层住宅楼、5 栋 4 层叠加别墅和地下 1 层车库组成，总建筑面积 74137m^2，其中地上面积 64689.79m^2、地下面积 9447.21m^2，地下车位 309 个。内墙粉刷面积为 11.26 万 m^2。

内墙构造做法为：

1）基层墙体清理平整干净。
2）刷建筑胶素水泥浆一遍，配合比为建筑胶∶水＝1∶4。
3）9mm 厚 DP M10 干混抹灰砂浆找平。
4）6mm 厚 DP M10 干混抹灰砂浆收光。

2. QC 小组概况

××××年项目经理部就成立了 QC 小组，由项目经理×××担任组长，并定期开展 QC 小组活动，见表 4-1~表 4-3。

表 4-1　QC 小组概况

小组名称	×××QC 小组		
课题类型	问题解决型	课题名称	提高内墙粉刷一次验收合格率
小组注册号	×××	成立时间	××××年××月××日
课题注册号	×××	活动时间	××××年××月××日~××××年××月××日
活动频次	每周 2 次	QC 小组出勤率	100%
小组成员	10 人	TQC 教育时间	48h 以上

（制表人：×××　制表时间：××××年××月××日）

表 4-2　QC 小组成员一览表

序号	姓名	性别	最高学历	职务	职称 执业资格	小组 职务	组内分工
1	×××	男	本科	项目经理	工程师 一级建造师	组长	全面负责

（续）

序号	姓名	性别	最高学历	职务	职称 执业资格	小组 职务	组内分工
2	×××	男	本科	项目技术 负责人	工程师 一级建造师	副组长	技术指导 成果审核
3	×××	男	本科	技术部长	工程师	组员	成果整理
4	×××	男	本科	施工负责人	工程师	组员	活动实施
5	×××	男	本科	工程部长	工程师	组员	活动实施
6	×××	男	大专	工长	工程师	组员	活动实施
7	×××	男	大专	质量员	工程师	组员	质量管理
8	×××	男	大专	安全员	工程师	组员	安全管理
9	×××	女	大专	试验员	工程师	组员	活动实施
10	×××	女	本科	资料员	助理工程师	组员	资料整理 QC发布

（制表人：×××　制表时间：××××年××月××日）

表 4-3　小组活动计划表

	进度 步骤	××××年				负责人
		8月	9月	10月	11月	
P	选择课题	—				全体成员
	设定目标	—				×××
	可行性论证		—			全体成员
	原因分析		—			×××
	要因确认		—			××× ×××
	制订对策			—		全体成员
D	对策实施			—		×××
C	效果验证				—	××× ×××
A	巩固措施和 下一步打算				—	×××

（制表人：×××　制表时间：××××年××月××日）

3. 选择课题

选题理由：选择《提高内墙粉刷一次验收合格率》作为本次QC活动的课题，主要从以下几个方面考虑：

1）质量目标及公司要求：质量目标为河南省优质工程，要求内墙粉刷的质量一次验收合格率达到90%以上。公司要求内墙粉刷一次验收合格率达到90%以上。

2）质量现状和业主要求：甲方要求实现工程质量目标，减少业主对内墙粉刷质量的投诉，住宅楼内墙粉刷质量必须达到90%以上，目前×××项目合格率为85%左右，达不到业主一次合格率90%的要求，内墙粉刷质量必须严格控制。

3）同行业先进水平：同行业先进水平，×××公司承建的×××工程、×××公司承建的×××项目，内粉粉刷的一次验收合格率都是90%以上，我们也要向同行业先进水平学习。

4）公司较好的项目：我公司承建的×××项目，获得了"×××优质工程"奖项，此项目的内墙粉刷一次验收合格率90%以上，为公司树立了良好的社会形象，我们也要向×××项目看齐。

5）针对问题症结，预计解决主要问题的90%，就能达到预期的目标。

综上分析，通过确保内墙粉刷的质量，能缩短施工周期，降低成本，因此，我们特选定："提高内墙粉刷一次验收合格率"为活动课题。

4. 现状调查

根据有关现行国家标准，小组提高了内墙粉刷施工的质量要求，其允许偏差比规范要求进行了缩小。依据确定的工艺流程，项目部统计了以前完工的三个项目的数据。根据工程资料，QC小组成员在××月××日到××月××日对已施工完成的部分——三栋叠加别墅楼进行统计：15号楼、16号楼、17号楼内墙粉刷质量的一次验收合格率平均为85%，达不到工期要求和业主要求一次验收合格率90%的要求。15号楼共统计250个点，37个点不合格；16号楼共统计250个点，40个点不合格；17号楼共统计250个点，35个点不合格。合格率统计表见表4-4。

表4-4 合格率统计表

项目	15号楼	16号楼	17号楼
检查点数（个）	250	250	250
合格点数（个）	213	210	215
不合格点数（个）	37	40	35
合格率（%）	85	84	86
总体合格率（%）	85		

（制表人：×××　制表时间：××××年××月××日）

其中检查墙面空鼓开裂、墙面垂直平整度、抹面层起砂、阴阳角不方正不顺直、其他问题5项，QC小组对不合格的点数进行统计分析，见表4-5。

表4-5 内墙粉刷质量调查表

序号	质量缺陷	频数（点）	频率（%）	累计频率（%）
1	空鼓开裂	67	59.82	59.82
2	墙面不垂直平整	12	10.71	70.53
3	阴阳角不方正不顺直	12	10.71	81.24

（续）

序号	质量缺陷	频数（点）	频率（%）	累计频率（%）
4	抹面层起砂	11	9.82	91.07
5	其他问题	10	8.94	100
合计	—	112	100	—

（制表人：×××　制表时间：××××年××月××日）

根据以上不合格点数统计表做了排列图，如图4-1所示。

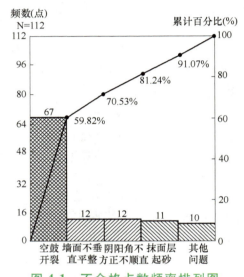

图4-1　不合格点数频率排列图

（制图人：×××　制图时间：××××年××月××日）

5. 设定目标

全体QC小组成员经过认真分析、讨论决定将"空鼓开裂"问题解决90%，合格率将达到：$(750-112+67\times90\%)/750=93.1\%$

考虑理论与现场实际的差别，最终确定了本次QC小组活动的目标：将内墙粉刷一次验收合格率提升至93%（见图4-2）。

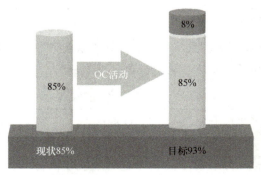

图4-2　设定目标柱状图

（制图人：×××　制图时间：××××年××月××日）

6. 原因分析

QC 小组对现场可能造成"空鼓开裂"的各种原因进行了全面细致的调查分析，并于××××年 9 月 1 日在项目部会议室召开原因分析会。会议邀请了公司总工、监理单位总监等参加，广泛收集各方意见，展开专题讨论，如图 4-3 所示，运用"头脑风暴法"，对引起空鼓开裂的原因展开详细分析，并从"人、料、法、环、测"等方面进行归纳整理，绘制出鱼骨图见图 4-4。

图 4-3　原因分析会

（制图人：×××　时间：××××年××月××日）

图 4-4　原因分析因果图

（制图人：×××　制图时间：××××年××月××日）

7. 确定主要原因

从原因分析因果图中，找出导致问题产生的末端原因共有 12 条。

××××年××月××日起，小组成员在组长×××带领下针对这 12 条末端原因进行讨论、分析，制订并绘制出要因确认计划表见表4-6。QC小组成员采用现场测量、试验和调查分析等判定方式，对影响内墙粉刷一次验收合格率的末端原因逐一进行要因确认。

表4-6 要因确认计划表

编号	末端原因	确认内容	判定方式	标准	责任人	时间
1	专项培训及技术交底不到位	检查工人培训考核情况	现场检查	工人100%通过考核	×××	××
2	没有编制专项施工方案	检查是否编制专项施工方案，是否报监理工程师审批	现场检查	应编制专项施工方案，并报监理工程师审批	×××	××
3	奖惩制度不合理	奖惩制度是否100%执行	讨论分析	奖惩制度执行率100%	×××	××
4	管理人员与公司未签订责任状	查看管理人员等管理人员是否与公司签订责任状	现场检查	所有管理人员与公司签订责任状	×××	××
5	没有提前一天浇水湿润	抹灰开始前一天，检查墙面是否湿润	现场检查	抹灰前要求墙体湿润率达到100%	×××	××
6	养护不到位	抹灰之后检查工人是否按照要求进行养护	现场检查	要求工人早、中、晚进行养护，且养护3天	×××	××
7	粉刷砂浆不合格	粉刷砂浆试块送试验室复检是否合格	现场检查	材料复检合格	×××	××
8	线管开槽部位没有钉钢丝网	喷浆之前检查线管开槽部位是否钉钢丝网	现场检查	线管开槽部位钉钢丝网覆盖率为100%	×××	××
9	砌体墙面没有满挂耐碱网格布	粉刷施工时检查砌体墙面是否满挂耐碱网格布	现场检查	砌体墙面耐碱网格布覆盖率达到100%	×××	××
10	墙体甩毛点未加建筑胶	甩毛点时对水泥砂浆进行检查是否加入建筑胶	现场检查	砂浆按照正确比例添加建筑胶	×××	××
11	恶劣天气施工	施工的温度和天气情况	现场检查	晴天温度在5℃以上	×××	××
12	工序完成后，没有经过监理工程师验收	工序完成后，是否经过监理工程师验收	现场检查	工序完成后，必须经过监理工程师验收，并在验收单上签字	×××	××

（制表人：×××　制表时间：××××年××月××日）

要因确认（一）：专项培训及技术交底不到位，见表4-7。

表 4-7 要因确认表（一）

末端原因	专项培训及技术交底不到位		
确认时间	××××年××月××日	确认地点	项目部、施工现场
负责人	×××	判定方式	现场检查
标准	工人100%通过考核		

要因确认：QC小组成员通过对项目部技术负责人询问，确认项目对入场工人进行了专项培训和技术交底。班组1是技术负责人×××交底培训，班组2是技术员×××交底培训。QC小组对两个班组施工工艺、操作要点进行了询问，并对内墙粉刷施工成果进行考核，对每个班组抽查20个检查点，检查结果全部合格，检查结果两个班组一致。因此"专项培训及技术交底不到位"末端原因影响较小，非要因

工人施工成果检查考核情况统计表

施工班组	检查点数（个）	检查情况			合格率（%）
		不合格点数（个）	合格点数（个）	良好点数（个）	
1组	20	0	12	8	100
2组	20	0	15	5	100
合计	40	0	27	13	100
是否要因	非要因				

（制表人：×××　制表时间：××××年××月××日）

要因确认（二）：没有编制专项施工方案，见表4-8。

表 4-8 要因确认表（二）

末端原因	没有编制专项施工方案		
确认时间	××××年××月××日	确认地点	项目部、施工现场
负责人	×××	判定方式	现场检查
标准	要有专项施工方案		

要因确认：经过QC小组成员对项目部专项施工方案进行查看，发现没有编制专项施工方案。编制方案后，按照方案内容向班组进行培训讲解。对编制方案前后实施情况的数据进行对比分析，差别较大。得出结论，没有编制专项施工方案，使现场管理人员不能很好地指导工人施工。因此"没有编制专项施工方案"因素影响较大，是要因

（续）

工人施工成果检查考核情况统计表

施工部位	检查点数（个）	检查情况			合格率（%）
		不合格点数（个）	合格点数（个）	良好点数（个）	
方案前	25	3	13	9	88
方案后	25	0	18	7	100
合计	50	3	30	15	94
是否要因		是要因			

（制表人：××× 制表时间：××××年××月××日）

要因确认（三）：奖惩制度不合理，见表4-9。

表4-9 要因确认表（三）

末端原因	奖惩制度不合理		
确认时间	××××年××月××日	确认地点	项目部、施工现场
负责人	×××	判定方式	讨论分析
标准	奖惩制度执行率100%		

要因确认：QC小组成员通过对项目部调查发现，项目部已建立奖惩制度，在工作中严格按照制度执行，已做好奖惩制度的通报，通过查看工人的工资条，明确体现出了工人应得的奖励金额及处罚金额，从而有效地提高工人及项目部人员的工作意识和管理意识，奖惩制度执行率为100%。因此"奖惩制度执行力不够"因素影响较小，非要因

公司奖惩制度

第一条 总则：为严明纪律，奖惩分明，调动员工工作积极性，提高工作效率和经济效率；本着公平竞争，公正管理的原则，进一步贯彻公司各项规章制度、强化工作流程、明确岗位职责，公司根据各部门之间协作事项与工作流程，特制定本奖惩制度。

第二条：公司奖惩制度本着"奖惩结合，有功必奖，有过必罚"的原则，与员工岗位职责挂钩，与公司经济效益相结合。

第三条：适用范围：本奖惩制度，贯穿于公司的各项规章制度中，公司所有员工须自觉遵守并相互进行监督。

第四条：奖励或处罚方式：

1、处罚方式：现金处罚（从当月工资中扣除并通报）。

2、奖励方式：公司实行红包奖励制度，根据各部门的阶段工作考核情况，随时或年底发放。

第五条 员工奖励主要有通报表扬和奖金奖励，程序如下：

是否要因	非要因

（制表人：××× 制表时间：××××年××月××日）

要因确认（四）：管理人员与公司未签订责任状，见表 4-10。

表 4-10 要因确认表（四）

末端原因	管理人员与公司未签订责任状		
确认时间	××××年××月××日	确认地点	项目部、施工现场
负责人	×××	判定方式	现场检查
标准	管理人员与公司责任状签订率达到 100%		

要因确认：经检查质量责任状的签署情况，所有管理人员已与公司签订了质量责任状。同时公司管理制度、奖惩制度已经贯彻到项目部，项目部管理人员认真学习并严格执行，全员 100%熟知创优标准并执行到位，管理人员与公司责任状签订率达到 100%。因此“管理人员与公司未签订责任状”因素影响程度较小，非要因

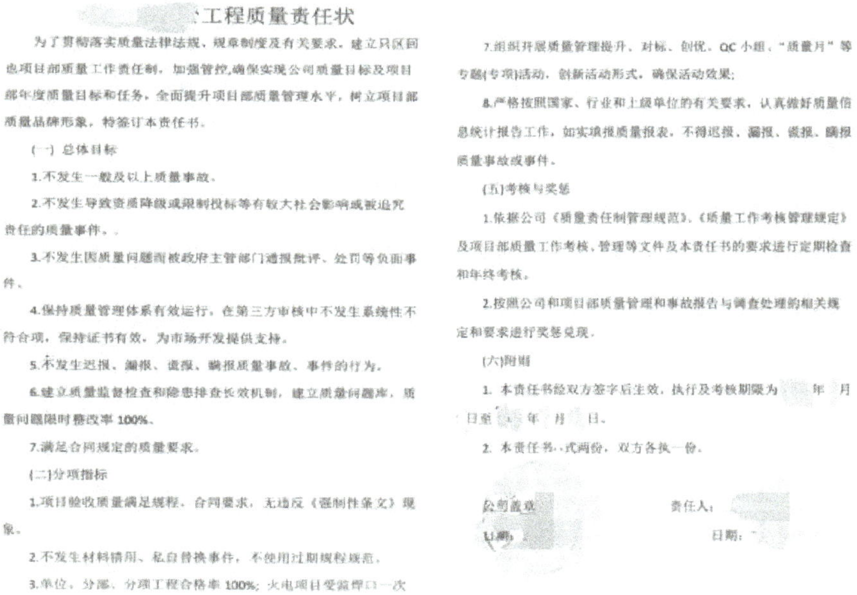
工程质量责任状

为了贯彻落实质量法律法规、规章制度及有关要求，建立只区回忠项目部质量工作责任制，加强管控，确保实现公司质量目标及项目部年度质量目标和任务，全面提升项目部质量管理水平，树立项目部质量品牌形象，特签订本责任书。

(一) 总体目标

1.不发生一般及以上质量事故。

2.不发生导致资质降级或限制投标等有较大社会影响或被追究责任的质量事件。

3.不发生因质量问题而被政府主管部门通报批评、处罚等负面事件。

4.保持质量管理体系有效运行，在第三方审核中不发生系统性不符合项，保持证书有效，为市场开发提供支持。

5.不发生迟报、漏报、谎报、瞒报质量事故、事件的行为。

6.建立质量监督检查和隐患排查长效机制，建立质量问题库，质量问题限时整改率 100%。

7.满足合同规定的质量要求。

(二)分项指标

1.项目验收质量满足规程、合同要求，无违反《强制性条文》现象。

2.不发生材料错用、私自替换事件，不使用过期规程规范。

3.单位、分部、分项工程合格率 100%；火电项目受监焊口一次

7.组织开展质量管理提升、对标、创优、QC 小组、“质量月”等专题(专项)活动，创新活动形式，确保活动效果；

8.严格按照国家、行业和上级单位的有关要求，认真做好质量信息统计报告工作，如实填报质量报表，不得迟报、漏报、谎报、瞒报质量事故或事件。

(五)考核与奖惩

1.依据公司《质量责任制管理规范》、《质量工作考核管理规定》及项目部质量工作考核、管理等文件及本责任书的要求进行定期检查和年终考核。

2.按照公司和项目部质量管理和事故报告与调查处理的相关规定和要求进行奖惩兑现。

(六)附则

1. 本责任书经双方签字后生效，执行及考核期限为 年 月 日至 年 月 日。

2. 本责任书一式两份，双方各执一份。

公司盖章 责任人：

日期： 日期：

是否要因	非要因

（制表人：××× 制表时间：××××年××月××日）

要因确认（五）：没有提前一天浇水湿润，见表 4-11。

表 4-11 要因确认表（五）

末端原因	没有提前一天浇水湿润		
确认时间	××××年××月××日	确认地点	项目部、施工现场
负责人	×××、×××	判定方式	现场检查
标准	抹灰前要求墙体湿润率达到 100%		

（续）

要因确认：QC 小组成员通过对现场调查发现，在内墙抹灰施工前，施工人员没有提前一天对墙体浇水湿润。在要求提前一天浇水湿润后，对前后检查结果进行对比，合格率差别较大。因此"没有提前一天浇水湿润"因素影响较大，是要因

工人施工成果检查考核情况统计表

施工部位	检查点数（个）	检查情况			合格率（%）
		不合格点数（个）	合格点数（个）	良好点数（个）	
未浇水湿润	25	4	13	8	84
浇水湿润	25	0	18	7	100
合计	50	4	31	15	92
是否要因		是要因			

（制表人：×××　制表时间：××××年××月××日）

要因确认（六）：养护不到位，见表4-12。

表 4-12　要因确认表（六）

末端原因	养护不到位		
确认时间	××××年××月××日	确认地点	项目部、施工现场
负责人	×××、×××	判定方式	现场检查
标准	要求工人早、中、晚进行养护，且养护3天		

要因确认：经 QC 小组成员×××和×××现场调查，在内墙抹灰收面完成后，抹灰班组早晚养护2天，没有达到养护3天，且养护达到75%，未100%达到要求标准，要求早、中、晚养护3次，持续3天，且养护达到100%，改正前后检查结果进行对比，数据差别较大。因此"养护不到位"因素影响较大，是要因

（续）

工人施工成果检查考核情况统计表

施工部位	检查点数（个）	检查情况			合格率（%）
		不合格点数（个）	合格点数（个）	良好点数（个）	
未按要求养护	25	6	12	7	76
已按要求养护	25	1	16	8	96
合计	50	7	27	15	86
是否要因	是要因				

（制表人：×××　制表时间：××××年××月××日）

要因确认（七）：粉刷砂浆不合格，见表4-13。

表 4-13　　要因确认表（七）

末端原因	粉刷砂浆不合格		
确认时间	××××年××月××日	确认地点	项目部
负责人	×××、×××	判定方式	现场检查
标准	粉刷砂浆由试验室检测合格		
要因确认：QC小组成员×××和×××通过将粉刷砂浆试块送往当地试验室进行检验，检测结果为合格。因此"粉刷材料不合格"因素影响程度较小，非要因			
是否要因	非要因		

（制表人：×××　制表时间：××××年××月××日）

要因确认（八）：线管开槽部位没有钉钢丝网，见表4-14。

表 4-14　要因确认表（八）

末端原因	线管开槽部位没有钉钢丝网		
确认时间	××××年××月××日	确认地点	项目部、施工现场
负责人	×××	判定方式	现场检查
标准	线管开槽部位钉钢丝网覆盖率为100%		

要因确认：通过小组成员×××现场调查，在抹灰工序开始之前，对墙体水电开槽部位进行检查，线管部位钉的是玻纤网而非钢丝网，线管开槽部位钉钢丝网覆盖率为0%。要求全部钉钢丝网，整改前后，检查数据对比，差别较大。因此"线管开槽部位没有钉钢丝网"因素影响较大，是要因

工人施工成果检查考核情况统计表

施工部位	检查点数（个）	检查情况			合格率（%）
		不合格点数（个）	合格点数（个）	良好点数（个）	
挂玻纤网	25	4	13	8	84
钉钢丝网	25	0	16	9	100
合计	50	4	29	17	92

是否要因	是要因

（制表人：×××　制表时间：××××年××月××日）

要因确认（九）：砌体墙面没有满挂耐碱网格布，见表4-15。

表 4-15　要因确认表（九）

末端原因	砌体墙面没有满挂耐碱网格布		
确认时间	××××年××月××日	确认地点	项目部、施工现场
负责人	×××、×××	判定方式	现场检查
标准	砌体墙面耐碱网格布覆盖率达到100%		

要因确认：通过QC小组成员×××和×××对现场进行调查，对需要抹灰的砌体墙面进行检查发现砌体墙面挂满耐碱网格布率为30%。要求全部满挂耐碱网格布，整改前后数据差别较大。因此"砌体墙面没有满挂耐碱网格布"因素影响较大，是要因

（续）

工人施工成果检查考核情况统计表

施工部位	检查点数（个）	检查情况			合格率(%)
		不合格点数（个）	合格点数（个）	良好点数（个）	
未满挂网格布	25	4	11	10	84
满挂网格布	25	0	15	10	100
合计	50	4	26	20	92

是否要因	是要因

（制表人：×××　制表时间：××××年××月××日）

要因确认（十）：墙体甩毛点未加建筑胶，见表4-16。

表4-16　要因确认表（十）

末端原因	墙体甩毛点未加建筑胶		
确认时间	××××年××月××日	确认地点	项目部、施工现场
负责人	×××、×××	判定方式	现场检查
标准	砂浆按照正确比例添加建筑胶		

要因确认：通过QC小组成员×××和×××对现场甩毛点施工前水泥砂浆进行检查，甩毛点所用1∶1水泥砂浆中建筑胶掺加量达到8%。因此"墙体甩毛点未加建筑胶"末端原因影响较小，非要因

是否要因	非要因

（制表人：×××　制表时间：××××年××月××日）

要因确认（十一）：恶劣天气施工，见表4-17。

表4-17　要因确认表（十一）

末端原因	恶劣天气施工		
确认时间	××××年××月××日	确认地点	项目部、施工现场
负责人	×××	判定方式	现场检查
标准	晴天温度在5℃以上		

要因确认：随机抽查内墙粉刷施工期间12天的环境温度和晴天、阴天情况，经对照施工现场施工日记，施工期间环境温度和天气情况均在规范要求之内。因此"恶劣天气施工"末端原因影响较小，非要因

日期（月/日）	8.26	8.27	8.28	8.29	8.30	8.31	9.1	9.2	9.3	9.4	9.5	9.6
最低气温/℃	25	24	25	26	27	24	25	25	24	24	25	26
天气情况	晴	晴	晴	多云	晴	多云	晴	多云	晴	晴	晴	晴

是否要因	非要因

（制表人：×××　制表时间：××××年××月××日）

要因确认（十二）：工序完成后，没有经过监理工程师验收，见表4-18。

表4-18　要因确认表（十二）

末端原因	工序完成后,没有经过监理工程师验收		
确认时间	××××年××月××日	确认地点	项目部、施工现场
负责人	×××	判定方式	现场检查
标准	工序完成后,必须经过监理工程师验收,并在验收单上签字		
要因确认:QC小姐成员在检查工序验收情况。检查结果:每道工序都经过了技术、质检部门验收,并报监理工程师验收合格,并在验收单上签字。因此"工序完成后,没有经过监理工程师验收"因素影响较小,非要因	隐蔽工程验收记录（表格图片） 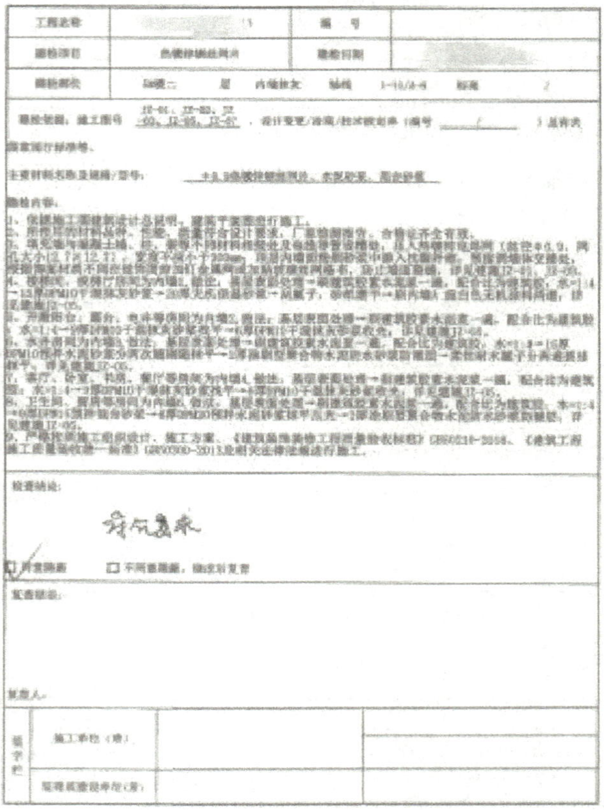		
是否要因	非要因		

（制表人：×××　制表时间：××××年××月××日）

针对以上12条末端原因逐一确认，确定了5条要因：
1) 没有编制专项施工方案。
2) 没有提前一天浇水湿润。
3) 养护不到位。
4) 线管开槽部位没有钉钢丝网。
5) 砌体墙面没有满挂耐碱网格布。

8. 制订对策

根据以上要因分析，QC小组在××××年××月××日～××日，按照分工对照要因制订实施对策。×日下午 QC 小组召开对策确定会，按照"5W1E"制订对策。通过对要因的分析，找出影响内墙粉刷施工质量的 5 条主要原因，QC 小组成员针对以上 5 条要因，经过分析、讨论、研究，最后制订了对策表，见表 4-19。

表 4-19 对策表

要因	对策	目标	措施	地点	时间	实施人
没有编制专项施工方案	检查是否编制专项施工方案，是否报监理工程师审批	要有专项施工方案	应编制专项施工方案，并报监理工程师审批	项目部会议室	×××	×××
没有提前一天浇水湿润	加强控制措施	要求抹灰前一天墙体湿润率达到100%	墙体粉刷前一天，施工班组对墙体进行湿润后，通知QC小组成员进行检查，否则不允许施工	施工现场	×××	××× ×××
养护不到位	加强养护措施	按照要求早、中、晚进行养护3天	①由QC小组成员每天检查成品养护情况，建立养护台账 ②由QC小组对作业班组养护进行督促	施工现场	×××	××× ××× ×××
线管开槽部位没有钉钢丝网	加强控制措施	线管开槽部位钉钢丝网覆盖率为100%	①由项目部负责采购钢丝网，统一发放给作业班组 ②对于甩毛点之前线槽部位未钉钢丝网的班组，不允许进行下一道工序施工	施工现场	×××	×××
砌体墙面没有满挂耐碱网格布	加强控制措施	砌体墙面耐碱网格布覆盖率达到100%	①由项目部负责采购耐碱网格布，统一发放给作业班组 ②要求作业队施工过程中对于砌体墙面，满挂网格布	施工现场	×××	×××

（制表人：×××　制表时间：××××年××月××日）

9. 对策实施

对策实施（一）：编制专项施工方案，报监理工程师审批

由 QC 小组成员×××根据×××工程项目的施工图纸，以及《住宅室内装饰装修工程质量验收规范》JGJ/T 304—2013、《建筑装饰装修工程质量验收标准》GB 50210—2018 等规范和标准（见图 4-5）编制了内墙粉刷专项施工方案，报监理工程师审批。

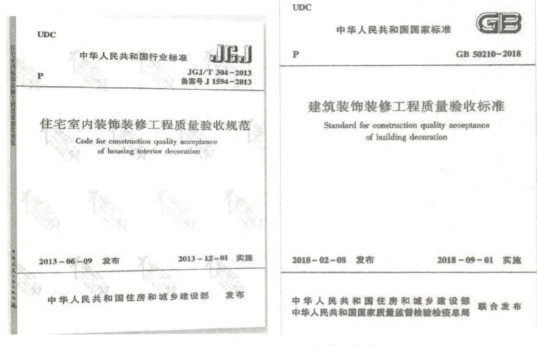

图 4-5　现行国家、行业规范和标准

（制图人：×××　制图时间：××××年××月××日）

根据图纸设计要求、规范和技术规程编制专项施工方案；方案完成，经过公司技术负责人审批通过后，再报监理单位审批，通过后，如图 4-6 所示，才可以开始实施。

图 4-6　内墙粉刷专项施工方案及交底会

（制图人：×××　制图时间：××××年××月××日）

效果验证：经过公司技术负责人及监理工程师审批，认为方案内容齐全、技术可行、符合规范要求，评审意见为通过（见图 4-7），并开始实施，按此方案向班组进行培训交底。实施后，再次对内墙粉刷成果进行检查，对数据进行分析（见表 4-20），对策实施效果良好。

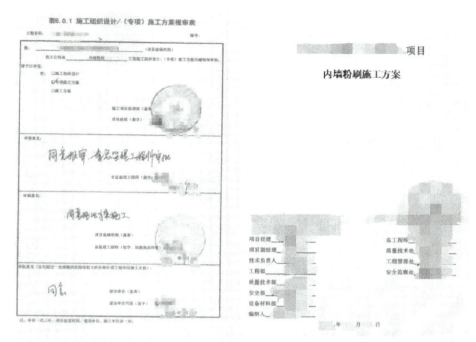

图 4-7　内墙粉刷专项施工方案监理审批

（制图人：×××　制图时间：××××年××月××日）

表 4-20　专项施工方案实施成果检查数据统计表

施工班组	检查点数（个）	检查情况			合格率（%）
		不合格点数（个）	合格点数（个）	良好点数（个）	
班组 1	50	2	26	22	96
班组 2	50	0	30	20	100
合计	100	2	56	42	98

（制表人：×××　制表时间：××××年××月××日）

对策实施（二）：粉刷开始前一天浇水湿润

1）针对没有提前一天浇水湿润的问题，安排专人进行浇水湿润，见图 4-8。

图 4-8　浇水湿润

2）向管理人员提出验收,并由 QC 小组成员×××和×××进行现场检查,在确定浇水湿润后,第二天方可进行下一道工序。

效果验证：通过 QC 小组的检查监督以及与施工班组的互相配合,在施工工序开始的前一天,对需要粉刷的楼层进行检查,检查了 6 栋楼共 18 个楼层,全部浇水湿润,再次对内墙粉刷成果进行检查,对检查数据进行分析,见表 4-21,效果良好。

表 4-21 浇水湿润成果检查数据统计表

施工班组	检查点数（个）	检查情况			合格率（%）
		不合格点数（个）	合格点数（个）	良好点数（个）	
班组 1	50	0	22	28	100
班组 2	50	0	24	26	100
合计	100	0	46	54	100

（制表人：××× 制表时间：××××年××月××日）

对策实施（三）：坚持养护 3 天

1）针对养护不到位的问题,QC 小组成立养护督察小组,每日对粉刷完成后的成品墙面进行养护检查,并记录在内墙粉刷养护台账,见图 4-9,养护满 3 天后方可解除养护。

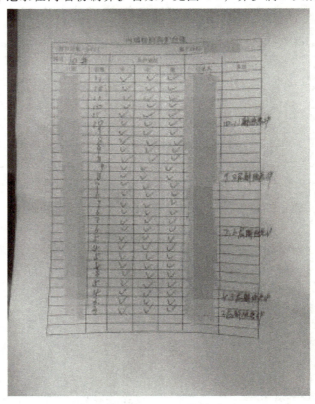

图 4-9 内墙粉刷养护台账

（制图人：××× 制图时间：××××年××月××日）

2）对现场养护人员进行培训，要求其使用花洒或者多孔喷头对成品墙体进行自上而下的喷洒养护，使墙面养护均匀，达到更好的养护效果，见图4-10。

效果验证：通过 QC 小组的监督管理，对施工墙体养护情况的检查，施工班组养护台账记录详细，达到了早、中、晚养护3天的要求，且养护的质量有所提高。当再次对内墙粉刷成果进行检查，对检查数据进行分析时，发现对策实施效果良好（见表4-22）。

图 4-10　内墙粉刷养护

（制图人：×××　制图时间：××××年××月××日）

表 4-22　养护成果检查数据统计表

施工班组	检查点数（个）	检查情况			合格率（%）
		不合格点数（个）	合格点数（个）	良好点数（个）	
班组1	50	0	26	24	100
班组2	50	0	28	22	100
合计	100	0	54	46	100

（制表人：×××　制表时间：××××年××月××日）

对策实施（四）：线管开槽部位满钉钢丝网

1）针对线管开槽部位没有满钉钢丝网的问题，QC 小组统一采购钢丝网并对施工班组进行发放。

2）安排专人进行补槽，补槽后浇水养护，然后满钉钢丝网（见图4-11），并由小组成员×××负责监督记录。

整改前

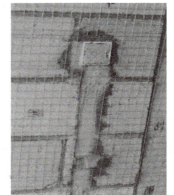
整改后

图 4-11　水电管补槽后养护及水电管钉钢丝网效果

（制图人：×××　制图时间：××××年××月××日）

效果验证：通过 QC 小组的检查监督，线管开槽部位已经全部钉钢丝网。内墙粉刷完成后，再次对开槽部位进行检查，对检查数据进行分析，发现线管开槽处粉刷开裂现象明显减少，实施效果良好，见表 4-23。

表 4-23　钉钢丝网成果检查数据统计表

施工班组	检查点数（个）	检查情况			合格率(%)
		不合格点数（个）	合格点数（个）	良好点数（个）	
班组 1	50	0	22	28	100
班组 2	50	0	24	26	100
合计	100	0	46	54	100

（制表人：×××　制表时间：××××年××月××日）

对策实施（五）：砌体墙面满挂耐碱网格布

1）针对砌体墙面没有满挂耐碱网格布问题，QC 小组统一采购耐碱网格布并对施工班组进行发放。

2）安排专人满挂耐碱网格布，并由小组成员×××和×××负责检查记录，如图 4-12 所示。

效果验证：通过 QC 小组的检查监督，砌体墙面全部满挂耐碱网格布，粉刷完成后，再次对内墙粉刷成果进行检查，对检查数据进行分析，发现裂缝明显减少，墙体的垂直平整度也有所提高，实施效果良好（见表 4-24）。

图 4-12　砌体墙面满挂耐碱网格布效果
（制图人：×××　制图时间：××××年××月××日）

表 4-24　满挂耐碱网格布成果检查数据统计表

施工班组	检查点数（个）	检查情况			合格率(%)
		不合格点数（个）	合格点数（个）	良好点数（个）	
班组 1	50	0	22	28	100
班组 2	50	0	24	26	100
合计	100	0	46	54	100

（制表人：×××　制表时间：××××年××月××日）

10. 效果检查

1）完成目标。××××年 11 月 5 日，QC 小组对内墙粉刷后的施工质量随机抽查 750 个点，分析归纳形成内墙粉刷施工质量问题调查表（见表 4-25）、内墙粉刷施工质量不合格项目频数表（见表 4-26）、一般抹灰验收记录（见图 4-13）、活动前不合格点数频率排列图

（见图 4-14）、活动后内墙粉刷施工质量问题排列图（见图 4-15）和活动前后柱状对比图（见图 4-16）。

表 4-25　内墙粉刷施工质量问题调查表

序号	检查项目	检查方法	检查点数(个)	合格点数(个)	合格率(%)
1	空鼓开裂	观察	150	146	97.3
2	墙面垂直平整度不合格	测量	150	144	96
3	抹面层起砂	观察	150	145	96.7
4	阴阳角不方正,不顺直	观察	150	142	95
5	其他问题	观察	150	145	96.3
	合计	—	750	722	96.26

（制表人：×××　制表时间：××××年××月××日）

表 4-26　内墙粉刷施工质量不合格项目频数表

序号	存在问题	频数(点)	频率(%)	累计频率(%)
1	空鼓开裂	4	14.29	14.29
2	其他问题	5	17.86	32.15
3	抹面层起砂	5	17.86	50.01
4	墙面垂直平整度不合格	6	21.43	71.44
5	阴阳角不方正,不顺直	8	28.57	100
	合计	28	100	—

（制表人：×××　制表时间：××××年××月××日）

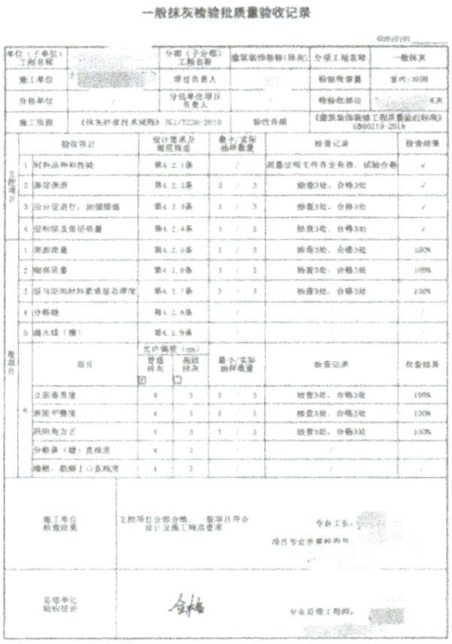
一般抹灰检验批质量验收记录

图 4-13　一般抹灰验收记录

（制图人：×××　制图时间：××××年××月××日）

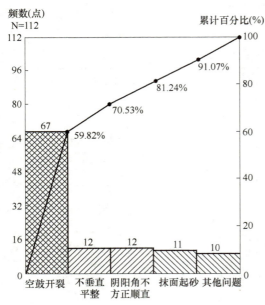

图 4-14　活动前不合格点数频率排列图
（制图人：×××　制图时间：××××年××月××日）

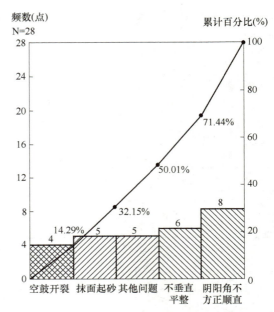

图 4-15　活动后内墙粉刷施工质量问题排列图
（制图人：×××　制图时间：××××年××月××日）

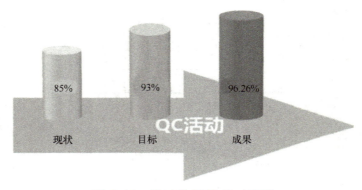

图 4-16　活动前后柱状对比图
（制图人：×××　制图时间：××××年××月××日）

　　从上述图、表中可以看出，内墙粉刷施工质量验收一次合格率达到96.26%，主要问题由原来的59.82%变成目前的14.29%，内墙粉刷施工质量得以改善，达到了QC活动的目标。

　　2）经济效益。通过QC小组成员的共同努力，不仅使×××工程项目内墙粉刷施工质量得到了提高，而且也取得了良好的经济效益。

　　① 内墙粉刷的合格率由原来的85%提高到了现在的96.26%，高于活动目标值93.6%。

　　② 活动后对×××工程内墙粉刷质量缺陷在源头上得到改善，节约材料费用15000元，少支出维修用工86名，每名工费260元，共计22360元；活动支出费用3400元。

　　③ 小组活动经费3500元。

　　合计经济效益：15000+22360−3500＝33860（元），如图4-17所示。

证 明

成立的"　　　　QC 小组"在　　　　内墙粉刷施工过程中,积极开展 QC 活动,提高了内墙粉刷施工质量,节约了施工工期,减少了维修成本,取得了良好的经济效益,本次 QC 活动共节约人民币叁万叁仟捌佰陆拾元整(¥33860 元)。

图 4-17　经济效益证明

(制图人:×××　制图时间:××××年××月××日)

3)社会效益。通过本次 QC 小组活动,加强了技术措施的改进,过程中严格监督管理,内墙粉刷施工质量及观感质量均受到建设、监理单位和主管部门的高度评价,为公司争取了荣誉,树立了企业形象,为公司开拓市场奠定了坚实的基础。

4)质量效益。通过本次 QC 小组活动,施工现场管理人员及作业工人掌握了内墙粉刷施工中提高施工质量的施工工艺,减少了不必要的维修和材料的浪费。同时,本次 QC 小组活动也为公司培养了一支技术水平精湛的施工队伍,为本工程创优打下了良好的基础。

11. 制订巩固措施

为巩固和推广本次 QC 小组活动成果,QC 小组成员对本次活动期间的记录、统计数据、成果分析进行整理、总结,并将有效措施编制成《内墙粉刷施工作业指导书》,××××年××月××日经总工批准在公司内推广实施。

12. 总结和下一步打算

(1)总结　在激烈竞争的建筑市场中,深切体会到只有严格管理、开拓创新、学习进取才能创出精品工程;只有通过开展全面质量管理活动,随时掌握质量动态,不断实践总结,及时采取措施,才能使工程质量稳步提高。

本次 QC 小组活动后,从专业技术、管理方法、小组综合素质等方面进行了总结。

1)专业技术。QC 小组成员对内墙粉刷施工的关键因素有了比较全面的认识,掌握了施工关键环节和质量控制要点,QC 小组成员敢于创新、勇于钻研,通过不断的分析、研究、实验、总结,最终通过良好的改进方法提高了内墙粉刷施工质量一次合格率,进一步丰富了内墙粉刷施工技术经验。

2)管理方法。QC 小组成员学习了采用科学的 PDCA 循环程序来开展工作,在工作中的实际应用能力得到了大幅提高,并且在工作中能够科学地以客观事实数据作为决策依据。

3)QC 小组综合素质。通过 QC 小组活动,内墙粉刷施工质量一次合格率得到了提高,圆满地完成了预定目标。同时,提高了 QC 小组的质量意识、QC 知识、团队精神和质量攻关能力。

针对这次 QC 活动进行了自我评价,评价表(见表 4-27、表 4-28)及雷达图(如图 4-18 所示)如下页。

表 4-27　小组自我评价表

人员	质量意识		QC 工具运用技巧		创新精神		团队精神	
	活动前打分	活动后打分	活动前打分	活动后打分	活动前打分	活动后打分	活动前打分	活动后打分
×××	9	9	9	10	9	9	10	10
×××	8	9	8	9	8	9	9	9
×××	8	10	8	10	8	10	8	10
×××	7	9	7	9	8	9	9	9
×××	6	8	7	9	6	8	9	9
×××	8	10	8	10	8	10	8	10
×××	9	9	9	9	9	9	10	10
×××	9	10	9	10	9	10	9	10
×××	7	10	8	10	7	10	10	10
×××	8	9	9	9	8	10	9	10
平均	7.9	9.3	8.2	9.5	8.0	9.4	9.1	9.7

（制表人：×××　制表时间：××××年××月××日）

表 4-28　小组成员综合素质评价表

序号	评价内容	活动前打分	活动后打分
1	质量意识	7.9	9.3
2	个人能力	7.2	9.7
3	QC 工具运用技巧	8.2	9.5
4	创新精神	8.0	9.4
5	团队精神	9.1	9.7

（制表人：×××　制表时间：××××年××月××日）

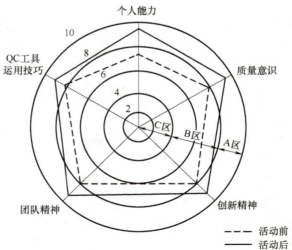

A区：理想水平　B区：平均水平　C区：一般水平

图 4-18　雷达图

（制图人：×××　制图时间：××××年××月××日）

（2）下一步打算　通过 QC 小组活动，QC 小组成员增长了 QC 知识，开拓了思维方式，提高了 QC 小组成员共同面对困难的团队精神。但科学技术的飞速发展，很多新材料、新工艺、新的施工技术有待探索、研究。在今后的施工中应将新工艺不断完善，精益求精，迎接下一个挑战，下一个课题计划为《提高项目场区定位放线一次验收合格率》积极开展 QC 活动，攻克更多施工过程中出现的技术、质量、安全工艺技术难关，多创精品工程。

《提高内墙粉刷一次验收合格率》综合评价

1. 总体评价

《提高内墙粉刷一次验收合格率》为问题解决型课题，课题名称符合要求。小组成员能够从现场实际出发，针对项目存在的内墙粉刷一次验收合格率不高的问题入手开展 QC 小组活动，将合格率由活动前的 85% 提高至活动后的 96.26%，超过了 93% 的课题目标。成果遵循 PDCA 循环，程序符合问题解决型自定目标课题活动程序要求。选题理由明确、直接，现状清晰，做到了用数据说话。通过现状调查找到了问题的症结，目标量化可测量、可检查，针对症结进行原因分析，依据末端原因对症结的影响程度逐项进行要因确认，对策表表头齐全，对策与要因相对应，实施过程图文并茂，活动效果较显著。成果运用了分层法、调查表、排列图、因果图、柱状图、雷达图等统计方法。

亮点 1：现状调查时进行了分层分析，第一层为不同楼号，发现合格率差别不大之后，继续进行第二层分析，找出了"空鼓开裂"这项影响内墙粉刷一次验收合格率的症结，值得学习和借鉴，小组也要继续坚持下去。

亮点 2：效果检查时先检查了课题目标的完成情况，而后同样运用调查表和排列图与现状调查进行比较，能直观地看到现状的改善情况。

亮点 3：制订巩固措施时，明确了将哪些经过实施证明行之有效的措施纳入作业指导书中。

亮点 4：效果检查阶段形成的经济效益实事求是，扣除了 3500 元的活动经费，且有详细的计算式。

2. 不足之处

（1）程序方面

1）选择课题时的合格率数据来源要陈述清楚。

2）对策表中对策目标应可测量、可检查。

3）小组活动应体现"全员参与"的基本原则，应考虑将劳务人员名单纳入小组名单中。

4）选题理由中的先进水平及最好水平的"90%"应有相关数据的支持，即要将数据来源介绍清楚。

5）自定目标设定依据应充分考虑以下五个方面：

① 上级下达的考核指标或要求。

② 顾客要求。

③ 国内外同行业先进水平。

④ 组织曾经达到的最好水平。

⑤ 针对症结，预计其解决程度，测算课题将达到的水平。

6）应依据末端原因对症结或问题的影响程度来判断其是否为要因，影响程度大为要因，影响程度小为非要因；判定方式为现场测量、试验和调查分析；应有相关的事实和数据，而非仅仅是对标的数据。

7）总结及下一步打算时，"QC 工具运用技巧"不应归入第三项"QC 小组成员综合素质"总结中，应放入第二项"管理方法方面"的总结内容。

（2）方法方面　柱状图的横纵坐标建议增加箭头。

专家：×××

4.2　问题解决型课题成果解析（指令性目标课题）

提高岩棉板外墙外保温一次验收合格率

1. 工程概况

×××工程位于××路和××路交叉口西北角。该工程建设单位为××置业有限公司，设计单位为×××有限公司，监理单位为×××集团有限公司，施工总承包单位为×××公司，勘察单位为×××公司。

××××项目总建筑面积为154385m^2，包括地上5幢8层住宅楼、4幢18层、2幢9层、4幢16层，地下1层（有夹层）；5幢2层及3层商业及附属地下车库。其中高层建筑面积97993.73m^2，中高层建筑面积35434.62m^2，社区配套及商业建筑面积18154.27m^2，地下车库36937.39m^2。1、2、3、6、7、10、11 号楼建筑层高为 3.1m，5、8、9、12、15 号楼建筑层高为 2.9m，8 层总高 28.2m；9 层总高 31.6m，16 层总高 52.6m，18 层总高 57.1m，外墙采用岩棉板外墙保温，如图 4-19 所示。

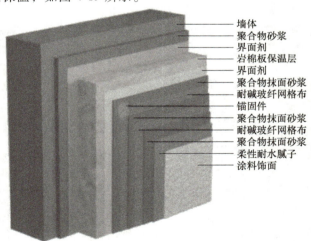

图 4-19　外墙构造图
（制图人：×××　制图时间：××××年××月××日）

提高岩棉板外墙保温质量是整个工程施工的关键，因此将其作为本工程控制的重点。

本工程总外墙保温面积 111462m^2，其中高层楼 67331m^2，多层楼 44131m^2，如图 4-20 所示。这种外墙保温系统在×××工程中是第一次使用，又是高层建筑、外墙保温范围大，项目部也是首次接触这种保温施工，缺乏施工经验，而且一旦保温施工质量不好，直接会降低高档住宅小区的舒适度，影响到今后工程的使用功能，因此，项目部成立 QC 小组对这种保温施工进行攻关，以保证工程今后的正常使用。

图 4-20　外墙立面图

（制图人：×××　制图时间：××××年××月××日）

2. QC 小组概况

QC 小组概况及成员组成见表 4-29～表 4-31、图 4-21。

表 4-29　小组概况表

小组名称		×××QC 小组	
课题类型	问题解决型	课题名称	提高岩棉板外墙外保温一次验收合格率
小组注册号	××××	成立时间	××××年××月××日
课题注册号	××××	活动时间	××××年××月××～××××年××月××日
活动频数	72	QC 小组出勤率	100%
小组成员	11	QC 教育时间	48h 以上

（制表人：×××　制表时间：××××年××月××日）

表 4-30　QC 小组成员一览表

序号	姓名	性别	职务	职称	小组职务	组内分工
1	×××	男	项目经理	工程师	组长	全面负责
2	×××	男	项目总工	高级工程师	副组长	技术指导
3	×××	男	执行经理	工程师	组员	成果审核
4	×××	男	技术部长	工程师	组员	施工协调
5	×××	男	质检员	工程师	组员	成果整理
6	×××	男	质检员	助理工程师	组员	活动实施
7	×××	男	施工员	助理工程师	组员	活动实施
8	×××	男	施工员	助理工程师	组员	活动实施
9	×××	男	施工员	助理工程师	组员	活动实施
10	×××	男	施工员	助理工程师	组员	活动实施
11	×××	女	资料员	助理工程师	组员	资料整理

（制表人：×××　制表时间：××××年××月××日）

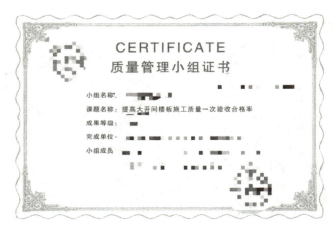

图 4-21　小组成员证书及获奖证书

（制图人：×××　制图时间：××××年××月××日）

表 4-31　小组活动计划与实施对比表

阶段	程序进程	××××年××月			
		第一周	第二周	第三周	第四周
P	课题选择	······			
	目标值设定	······			
	目标可行性论证		······		
	原因分析		······		
	确定主要原因		······		
	制订对策		······		
D	对策实施		————————————————		
C	效果检查			······	
A	制订巩固措施				······
	总结和下一步打算				······

（制表人：×××　审核人：×××　制表时间：××××年 ××月××日　补录时间：××××年××月××日）

3. 选择课题

本工程有如下特点：

质量要求高：公司在本工程开工之初的创优目标为××省优质结构，通过开展一系列的创优活动为手段，来打造一个工程设计先进、施工质量优良的典范工程。而创优目标能否实现直接取决于主体结构施工质量的好坏。

施工难度大：本工程拟创建"××省建筑业新技术应用示范工程"，粘贴岩棉板外墙保温系统施工技术是"建筑业十项新技术"之一，对工程的施工质量要求极高，而外墙节能保温的施工质量是关键质量控制点。

根据公司目标，要求岩棉板外墙外保温一次验收合格率达到90%及以上。

为找到岩棉板外墙保温一次合格率不足的差距，2022年9月1日~9月30日，QC小组的×××、×××、×××对已完成施工的高层样板墙岩棉板外墙保温施工质量进行实测和统计见表4-32、图4-22。

表4-32 现场岩棉板外墙保温施工质量合格率统计表

序号	项目	抽查点数（个）	不合格点数（个）	合格点数（个）	合格率（%）
1	南立面	100	15	85	85
2	北立面	100	16	84	84
3	东山墙	100	15	84	84
4	西山墙	100	17	82	82
	合计	400	63	337	84

（制表人：×××　制表时间：××××年××月××日）

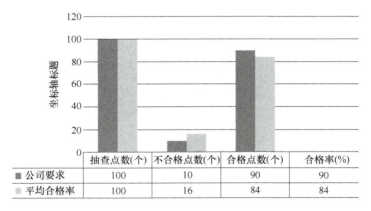

图4-22 岩棉板外墙保温施工质量合格率统计图

（制图人：×××　制图时间：××××年××月××日）

由上述图、表可以看出，共抽查岩棉板外墙保温施工质量400点，不合格63点，合格337点，合格率84%，低于公司要求的90%。所以选择"**提高岩棉板外墙外保温一次验收合格率**"作为本次问题解决的课题。

4. 设定目标

以公司要求"岩棉板外墙外保温一次验收合格率控制在90%"作为小组的活动目标，如图4-23所示。

5. 目标可行性论证

（1）公司要求及业内先进水平对比　××××年××月××日~××月××日期间，QC小组成员联系公司×××项目和×××标杆项目现场施工技术人员，对××~××月份两个项目岩棉板外墙外保温一次验收合格率情况进行调查，统计数据见表4-33。

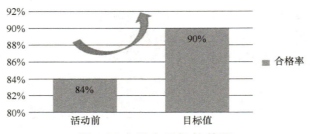

图 4-23 设定目标柱状图

（制图人：×××　制图时间：××××年××月××日）

表 4-33　×××项目和×××标杆项目岩棉板外墙外保温一次验收合格率调查表

项目部	验收施工面点数（个）	一次验收合格点数（个）	一次验收合格率（%）
×××	22	21	95
×××	25	23	93
公司要求	18	16	90

（制表人：××××　制表时间：××××年××月××日）

根据表 4-35，QC 小组绘制了条形图，如图 4-24 所示。

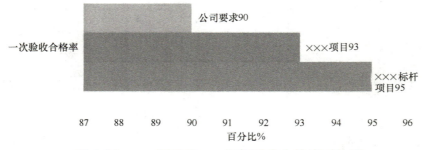

图 4-24　×××项目和×××标杆项目合格率对比图

（制图人：×××　制图时间：××××年××月××日）

结论：从图 4-24 可以看出，公司×××项目和×××标杆项目岩棉板外墙保温一次验收合格率均达到了 90%以上。

（2）主要症结分析　2022 年 9 月 25 日，QC 小组对前期施工的高层样板墙岩棉板外墙保温施工质量因素汇总并进行分析，分析调查结果见表 4-34。

表 4-34　岩棉板外墙保温施工质量因素调查表

检查位置	检查点数（个）	合格点数（个）	合格率（%）
A 作业队	100	92	92
B 作业队	100	98	98
C 作业队	100	95	95
D 作业队	100	84	84

（制表人：×××　制表时间：××××年××月××日）

通过表 4-34 可以看出：D 作业队一次验收率最低，仅为 84%。QC 小组针对 D 作业队施工区域内的岩棉板外墙保温施工质量进行了调查统计，见表 4-35。

表 4-35 岩棉板外墙保温施工质量问题统计表

序号	项目	频数(个)	累计频数(个)	频率(%)	累计频率(%)
基层处理不到位	表面平整度偏差	27	27	42.9	42.9
	立面垂直度偏差	19	46	30.2	73.1
	接缝不顺直	8	54	12.7	85.8
	阴阳角不方正	6	60	9.5	95.3
	其他	3	63	4.7	100
合计		63		100	

（制表人：×××　制表时间：××××年××月××日）

根据统计表，QC 小组绘制了岩棉板外墙外保温施工质量问题排列图，如图 4-25 所示。

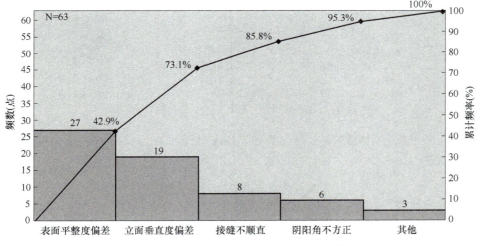

图 4-25　岩棉板外墙外保温质量问题排列图

（制图人：×××　制图时间：××××年××月××日）

根据以上图表得知，"表面平整度偏差"和"立面垂直度偏差"是影响岩棉板外墙保温质量的主要问题，两者占比较大，应作为解决质量问题的关键。

（3）理论测算　根据上述统计表和排列图，通过测算分析，只要把"表面平整度偏差""立面垂直度偏差"问题解决 50%，就能让岩棉板外墙保温施工质量合格率提高到：[400－(27+23)×50%－8－6－3]/400 = 90%。

结论：综上所述，QC 小组成员一致认为改善"表面平整度偏差""立面垂直度偏差"问题，是确保岩棉板外墙外保温一次验收合格率达到 90% 以上的关键。

6. 原因分析

（1）绘制关联图　2022 年 9 月 25 日，QC 小组召开原因分析会，应用"头脑风暴法"，针对"表面平整度偏差""立面垂直度偏差"两个问题充分发表意见。大家集思广益，采用关联图从人员、材料、机械、方法、环境、测量六个方面对该问题进行了主要原因分析，如图 4-26 所示。

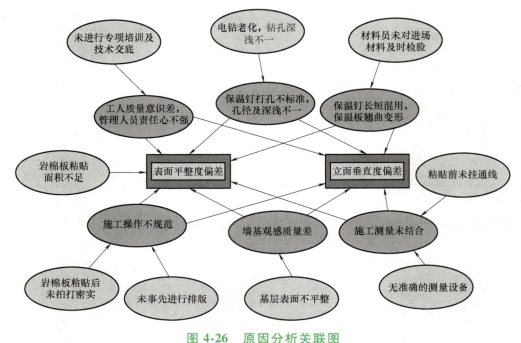

图 4-26 原因分析关联图

（制图人：×××　制图时间：××××年××月××日）

（2）末端原因统计　根据图 4-26，造成岩棉板外墙外保温合格率低的末端原因，汇总如下，见表 4-36。

表 4-36　末端原因统计表

序号	末端原因	序号	末端原因
1	未进行专项培训及技术交底	6	未事先进行排版
2	电钻老化，钻孔深浅不一	7	基层表面不平整
3	材料员未对进场材料及时检验	8	无准确的测量设备
4	岩棉板粘贴后未拍打密实	9	粘贴前未挂通线
5	岩棉板粘贴面积不足		

（制表人：×××　制表时间：××××年××月××日）

7. 要因确认

（1）末端原因确认计划表　从图 4-26 中可以看出，造成"表面平整度偏差"和"立面垂直度偏差"的末端原因共有 9 项，QC 小组针对这些末端原因，制订了要因确认表，见表 4-37。

表 4-37　要因确认计划表

序号	末端原因	确认内容	确认方法	标准	责任人	完成时间
1	未进行专项培训及技术交底	对操作工人进行调查询问，检查工人操作情况	走访调查，查看交底记录，进行实际操作考核	考核合格率100%，有技术交底记录，交底内容具体、有针对性	×××	×××
2	电钻老化，钻孔深浅不一	检查手动电钻的灵敏度，及时维修和更换	现场调试	电机无大幅度抖动，钻头无明显磨损，松动、转轴无偏心	×××	×××
3	材料员未对进场材料及时检验	检查材料进场检验情况	查看资料，现场调查	进场材料及时检验，有检验记录	×××	×××
4	岩棉板粘贴后未拍打密实	现场验证岩棉板的粘贴情况	现场验证	岩棉板与基层墙面粘结密实，无凸起变形	×××	×××
5	岩棉板粘贴面积不足	现场查验岩棉板与基墙粘结面积	现场验证	岩棉板与基层的粘贴面积≥60%，门窗洞口及墙体转角等部位满贴	×××	×××
6	未事先进行排版	岩棉板铺贴前有无事先排版	现场调查	利用CAD进行事先精确排版	×××	×××
7	基层表面不平整	检查基层表面平整度	现场验证	基层表面平整度偏差在4mm以内	×××	×××
8	无准确的测量设备	现场测量设备的配备情况	现场验证	有且100%合格	×××	×××
9	粘贴前未挂通线	检查施工前是否拉设水平及垂直向通线	调查分析	窗口、阴阳角等各个部位拉设垂直及水平向通线100%设置	×××	×××

（制表人：×××　制表时间：××××年××月××日）

（2）要因分析　根据要因确认计划表，QC小组对9条末端原因进行调查、分析、现场实测、验证，逐一要因确认见表4-38~表4-46。

表 4-38 末端原因确认表（一）

末端原因	未进行专项培训及技术交底	问题症结	表面平整度偏差、立面垂直度偏差		
确认内容	对操作工人进行调查询问,检查工人操作情况				
标准	考核合格率100%,有技术交底记录,交底内容具体、有针对性	责任人	×××	完成时间	×××
确认方法	走访调查,查看交底记录、进行实际操作考核				
验证过程	××××年××月××日~××日,×××查看了技术交底记录,项目部交底资料显示,共有4份该分项技术交底记录,其中1份为岩棉板外墙保温系统专项施工方案交底,另3份为岩棉板外墙保温分项工程技术交底。交底内容具体、量化、有针对性,交底记录有交底人和班组长及操作工人签字确认。随后对外墙保温施工班组的操作人员进行询问了解情况,发现部分工人对该分项工程施工不熟悉,甚至很多工人尚未接触过岩棉板外墙保温的施工。同时QC小组组织外墙保温班组全体操作人员进行考核,考核结果如下: 考核情况统计表 	考核人数（个）	考核情况				合格率(%)
---	---	---	---	---
	优秀人数（个）	合格人数（个）	不合格人数（个）	
48	4	28	16	66.7 | 从上述走访调查及上表分析,项目部管理人员没有认真执行安全技术交底制度,为了应付程序,只是组织工人进行了签字,没有对操作工人进行详细交底,造成操作人员对此分项的施工不了解,缺乏经验,考核总体合格率仅为66.7%,无法满足此分项工程的施工要求 					
结论	是要因				

（制表人：×××　制表时间：××××年××月××日）

第4章 案例解析

表 4-39 末端原因确认表（二）

末端原因	电钻老化,钻孔深浅不一	问题症结	表面平整度偏差、立面垂直度偏差		
确认内容	检查手动电钻的灵敏度,及时维修和更换				
标准	电机无大幅度抖动,钻头无明显磨损,松动、转轴无偏心	责任人	×××	完成时间	×××
确认方法	现场调试				
验证过程	××××年××月××日～××日,QC 小组成员×××带领电工对仓库拟投入施工的 40 把电钻进行了清点检查,并通电测试,其中有 25 把为近期购买的新钻机,13 把为其他项目周转过来的 8 成新的旧钻机,经通电调试,运行良好,只有 2 把为维修机器,转轴稍有偏心,钻头磨损严重,经维修和更换钻头后不影响保温钉钻孔使用。 考核情况统计表 | 检查数量（把）	考核情况			
---	---	---	---	---
	全新数量（把）	良好数量（把）	维修数量（把）	优良率（%）
40	25	13	2	95 | 由上表可以看出,电钻老化,正常保养能够保证岩棉板外墙保温施工质量,验收合格率达到 95%>公司要求的 90%,为非要因。 					
结论	非要因				

（制表人：×××　制表时间：××××年××月××日）

表4-40 末端原因确认表（三）

末端原因	材料员未对进场材料及时检验	问题症结	表面平整度偏差、立面垂直度偏差		
确认内容	检查材料进场检验情况				
标准	进场材料及时检验，有检验记录	责任人	×××	完成时间	×××
确认方法	查看资料，现场调查				
验证过程	××××年××月××日，×××先查看材料进场验收记录及材料报审资料，资料显示材料检查验收手续齐全。然后进行现场核实验证，规格尺寸符合图纸设计要求，特殊规格的均分开码放；经监理人员反应，材料员对每批次进场材料均认真检查及时验收。一经发现不合格材料，一律退场处理。对岩棉板外墙保温验收合格率影响较小，为非要因。 				
结论	非要因				

（制表人：×××　制表时间：××××年××月××日）

表 4-41　末端原因确认表（四）

末端原因	岩棉板粘贴后未拍打密实	问题症结		表面平整度偏差、立面垂直度偏差	
确认内容	现场验证岩棉板的粘贴情况				
标准	岩棉板与基层墙面粘结密实,无凸起变形	责任人	×××	完成时间	×××
确认方法	现场验证				
验证过程	××××年××月××日,小组成员×××和×××对高层楼二层的岩棉板粘贴情况进行现场验证,见操作人员将粘结砂浆甩出 7 个灰饼,虽按交底要求梅花布置,但灰饼厚薄不一致,直爻将岩棉板在墙上铺贴,上下左右缝隙不均匀,随后用 2M 靠尺压平,再用木质砂板拍打,拍打时重时轻,导致经过拍打后的岩棉板变形,凸起、垂直度平整度较差,随手一掰铺薄灰一端容易脱开。检查数据记录如下：				
结论	是要因				

考核情况统计表

检查数量（个）	检查情况			
	凸起变形数量（个）	缝隙不均匀数量（个）	非密实数量（个）	合格率(%)
50	6	2	2	80

由上表可以看出,岩棉板粘贴后未拍打密实引起的合格率仅为 80%,不满足公司要求合格率 90%,影响较大,确认为要因。

（制表人：×××　制表时间：××××年××月××日）

表 4-42 末端原因确认表（五）

末端原因	岩棉板粘贴面积不足	问题症结	表面平整度偏差、立面垂直度偏差		
确认内容	现场查验岩棉板与基墙粘结面积				
标准	岩棉板与基层的粘贴面积≥60%，门窗洞口及墙体转角等部位满贴	责任人	×××	完成时间	×××
确认方法	现场验证				
验证过程	现场岩棉板的布胶采用点框法，××××年××月××日，×××和×××对正在施工的12号楼二层外墙的岩棉板与基墙粘结面积进行实体检查如下： 岩棉板与基层的粘结面积检查表 	检查部位	细部处理	合格率(%)
---	---	---
东西山墙	共检查40块岩棉板，36块布胶面积符合要求，4块布胶面积不足岩棉板面积的60%	90
外墙阳角1.2m宽度范围	共检查20处，符合要求18处，2处未满粘	90
门窗洞口周边	共检查10处，符合要求9处，1处未满粘	90
平均合格率		90 | 由上表可以看出，现场存在岩棉板与基墙粘结面积不足的问题，合格率达到90%，与公司要求一致，故影响较小，为非要因 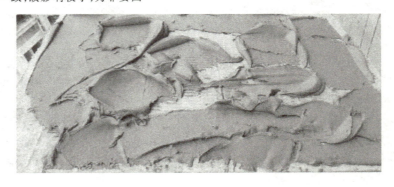					
结论	非要因				

（制表人：××× 制表时间：××××年××月××日）

表 4-43 末端原因确认表（六）

末端原因	未事先进行排版	问题症结	表面平整度偏差、立面垂直度偏差		
确认内容	岩棉板铺贴前有无事先排				
标准	利用CAD进行事先精确排版	责任人	×××	完成时间	×××
确认方法	现场调查				
验证过程	××××年××月××日小组成员×××现场岩棉板施工前,已由×××负责根据岩棉板的规格型号结合工程实际,利用CAD进行岩棉板铺贴精确排版,并出具了排版图,门窗洞口周边、檐口、转角部位排版图在现场均有粘贴,操作人员将规格尺寸不一致的岩棉板裁割好分开码放并做了编号,铺贴岩棉板时按排版图进行。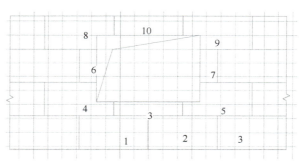				
结论	非要因				

（制表人：×××　制表时间：××××年××月××日）

表 4-44 末端原因确认表（七）

末端原因	基层表面不平整	问题症结	表面平整度偏差、立面垂直度偏差		
确认内容	检查基层表面平整度				
标准	基层表面平整度偏差在 4mm 以内	责任人	×××	完成时间	×××
确认方法	现场验证				
验证过程	××××年××月××日，×××和×××对高层楼的外墙面基层表面进行平整度随机抽查，实测结果如下：				

基层墙体表面平整度抽查表

检查部位	基层墙面平整度偏差值/mm											
东山墙	3	1	3	4	4	3	2	1	2	4	3	4	2	2	3
西山墙	4	2	2	3	2	3	4	3	2	4	4	1	2	3	1
南立面	2	1	4	4	2	2	2	3	2	4	1	4	1	4
北立面	4	3	4	3	1	4	3	2	1	4	4	2	3	2	1
检查情况统计	共计抽查 60 处，不合格处 12 处，合格 48 处，合格率 80%														

由上表抽查情况可以看出，基层墙面表面平整度合格率仅为 80%，而基层墙面平整度将直接影响岩棉板铺贴的平整度。确认为影响岩棉板外墙保温验收合格率的主要原因之一。

结论	是要因

（制表人：×××　制表时间：××××年××月××日）

表 4-45　末端原因确认表（八）

末端原因	无准确的测量设备	问题症结	表面平整度偏差、立面垂直度偏差		
确认内容	现场测量设备的配备情况				
标准	有且 100%合格	责任人	×××	完成时间	×××
确认方法	现场验证				
验证过程	××××年××月××日 QC 小组成员×××经检查，项目部用于测量表面平整和垂直度的塔尺、卷尺、2M 靠尺和塞尺 5 套，经纬仪 1 套，均为新购的合格产品，仪器有定期校核，并设立仪器台账，能满足测量需要，因此"无准确的测量设备"影响程度较小，不是影响外墙保温合格率的主要原因。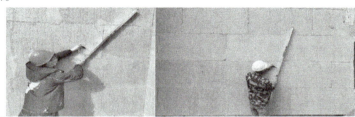				
结论	非要因				

（制表人：×××　制表时间：××××年××月××日）

表 4-46　末端原因确认表（九）

末端原因	粘贴前未挂通线	问题症结	表面平整度偏差、立面垂直度偏差		
确认内容	检查施工前是否拉设水平及垂直向通线				
标准	窗口、阴阳角等各个部位拉设垂直及水平向通线 100%设置	责任人	×××	完成时间	×××
确认方法	调查分析				
验证过程	××××年××月××日 QC 小组成员×××经现场验证，每一部位施工前，均在窗口、阳台等阴阳角设置垂直钢丝绳，且每五层固定一次，水平向通线设置在竖向钢丝绳上，以保证保温板垂直度和平整度。因此"粘贴前未挂通线"影响程度较小，不是影响外墙保温合格率的主要原因。				
结论	非要因				

（制表人：×××　制表时间：××××年××月××日）

（3）通过对末端原因的调查分析验证，确认以下3个主要原因：
1）未进行专项培训及技术交底。
2）岩棉板粘贴后未拍打密实。
3）基层表面不平整。

8. 制订对策

针对以上主要原因，QC小组进行深入讨论，采取以下对策，见表4-47。

表4-47 对策及防治措施表

序号	主要原因	对策	目标	措施	地点	负责人	完成时间
1	未进行专项培训及技术交底	完善培训制度，组织专项培训	现场考核合格率100%	①对原来培训制度修订完善 ②组织专项培训 ③通过多媒体方式进行岗位技术培训 ④培训后，对工人进行考核	现场、会议室	×××	××××年××月××日
2	岩棉板粘贴后未拍打密实	加强监督，严格控制灰饼厚度及粘贴面积	实测合格率≥90%	①岩棉板采用点框法，岩棉板与基层墙面的实际有效粘贴面积不小于岩棉板面积的60% ②门窗洞口、外墙阳角、檐口部位采用满粘法岩棉板与基层墙面的有效粘贴面积为100% ③针对岩棉板粘贴问题反复交底 ④由×××和×××负责跟踪监督检查	现场	××× ×××	××××年××月××日
3	基层表面不平整	对基层平整度超标的墙表进行找平处理	度实测合格率≥90%，且不合格点的平整度偏差值≤6mm	①由×××和×××负责对基层墙面平整度全面检查，对平整度偏差>5mm的位置喷漆做标记 ②对平整度超标墙面，个别突出位置进行剔凿，然后用1：3水泥砂浆进行找平 ③做好基层墙面清理工作 ④做好"三检"工作严把质量关 ⑤隐蔽工程必须按要求报监理验收	现场	××× ×××	××××年××月××日

（制表人：××× 制表时间：××××年××月××日）

9. 对策实施

实施（一）：完善培训制度，组织专项培训

1）由×××负责修订完善项目部的培训制度，并按制度实施。

2）于 2022 年 10 月 4~5 日，由项目经理组织外墙保温施工班组全体人员进行《岩棉板薄抹灰外墙保温系统应用技术规程》培训，并进行外墙外保温专项施工方案交底。

3）10 月 6 日，邀请公司总工对外墙保温操作工人进行专项培训，对岩棉板外墙保温系统的工艺流程、质量标准及操作要求进行详细讲解。

4）以专项培训为载体，通过多媒体方式进行岗位技术培训。

5）10 月 10 日，×××组织外墙保温施工班组进行考核，考核结果见表 4-48。

表 4-48　10 月 10 日培训后考核情况统计表

接收培训人数（个）	参加考核人数（个）	优良人数（个）	合格人数（个）	不合格人数（个）	合格率（%）
48	48	16	25	7	85.4

（制表人：×××　制表时间：××××年××月××日）

10 月 11 日~12 日，×××组织考核不合格的 7 名工人进行继续培训，培训结束后重新考核，考核结果见表 4-49。

表 4-49　10 月 11 日~12 日培训后考核情况统计表

接收培训人数（个）	参加考核人数（个）	优良人数（个）	合格人数（个）	不合格人数（个）	合格率（%）
7	7	2	5	0	100

（制表人：×××　制表时间：××××年××月××日）

实施效果：通过专项培训，工人基本掌握了岩棉板外墙保温系统的技术规程、工艺流程、质量标准及操作要求，工人整体素质和技术水平大大提高，现场工人考核合格率为 100%。

实施（二）：加强监督，严格控制灰饼厚度及粘贴面积

1）粘结砂浆在岩棉板粘贴面上的布胶采用点框法，布胶部位与锚固件位置相对应，板边一周涂抹大约 80mm 宽的胶粘剂，中间粘结点的圆形直径≥200mm，岩棉板与基层墙面的实际有效粘结面积不小于岩棉板面积的 60%。

2）门窗洞口及周边部位、外墙阳角 1.2m 宽度范围内、檐口部位采用满铺法，岩棉板与基层墙面的有效粘结面积为 100%。岩棉板的侧边不得涂抹或粘有胶粘剂，每粘结完一块，及时清除板侧挤出的粘结砂浆。

3）由×××负责针对岩棉板布胶问题对工人进行反复交底，确保岩棉板与基墙的有效粘结面积。

4）由×××和×××负责对岩棉板的布胶和粘贴过程进行跟踪监督检查，发现问题及时纠正。

5）12 月 20 日，QC 小组对 12 号楼的岩棉板与基层墙面有效粘贴面积进行抽查，抽查结果见表 4-50。

表 4-50　对策实施后岩棉板与基层墙面有效粘贴面积抽查表

抽查部位	细部处理情况	合格率(%)
东西山墙面	共抽查 20 处,岩棉板与基墙有效粘结面积均在 60%以上	100

(续)

抽查部位	细部处理情况	合格率(%)
外墙阳角 1.2m 宽范围	共抽查 20 处,岩棉板与基墙有效粘结面积 有 3 处为 90%,其余 17 处均为 100%	85
门窗洞口及周边	共抽查 10 处,岩棉板与墙面有效粘结面积均为 100%	100
合计		95

(制表人:×××　制表时间:××××年××月××日)

实施效果:由表 4-50 的抽查情况可以看出,岩棉板与基墙的有效粘结面积合格率从原来的 76.7%提高到 95%,达到实施目标。

实施(三):对基层平整度超标的墙表进行找平处理

1) 由×××和×××负责对高层楼的基层墙面平整度进行全面检查,对平整度偏差>5mm 的位置做好标记。

2) 对平整度超标墙面,用 1∶3 水泥砂浆进行找平处理(个别突出位置进行剔除找平),找平处理后的墙面平整度偏差控制在 4mm 以内。

3) 最后将基层墙面清理干净,确保无松动、浮灰、油渍。

4) 每道工序完工进入下道工序前,做好自检、互检及交接检工作,严把质量关。

5) 11 月 20 日,QC 小组对高层楼的基层墙面表面平整度进行随机抽查,实测结果见表 4-51。

表 4-51　对策实施后基层墙面表面平整度抽查表

表面平整度 /mm	1	2	4	3	2	4	1	3	2	3	2	4	1	3	1
	3	2	3	4	3	2	3	2	4	3	2	3	2	2	2
	2	1	3	2	3	2	3	2	3	2	3	2	4	2	3
	1	3	2	1	4	1	2	2	4	1	4	4	3	4	1
抽查情况	共抽查 60 处,不合格 4 处,合格 56 处,合格率为 93.3%														

(制表人:×××　制表时间:××××年××月××日)

实施效果:由表 4-51 可以看出,经过实施基层墙面平整度为 93.3%,不合格的 4 个点偏差值均在 5mm 以内,对策目标完成。

10. 效果检查

(1) 直接效果　2022 年 10 月 1 日~10 月 5 日,QC 小组会同监理人员对已施工完成的高层楼外墙外保温实体质量进行现场验证,共抽查了 400 个点,不合格 30 点,合格 370 点,合格率为 92.5%,如图 4-27 所示。

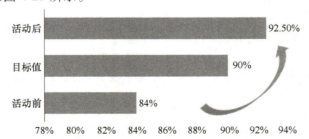

图 4-27　活动效果对比柱状图

(制图人:×××　制图时间:××××年××月××日)

通过一系列措施的有效实施，岩棉板外墙外保温系统的施工质量实测合格率从活动前的84%提高到92.5%，达到了预期目标，课题目标完成。

对不合格部位进一步分析整理，形成质量问题统计表见表4-52。

表4-52 活动后岩棉板外墙保温质量问题统计表

序号	缺陷类型	频数（点）	累计频数（点）	频率（%）	累计频数（%）
1	接缝不顺直	7	7	27	27
2	阴阳角不方正	6	13	23.1	50.1
3	表面平整度偏差	5	18	19.2	69.3
4	立面垂直度偏差	5	23	19.2	88.5
5	其他	3	26	11.5	100
	合计	30		100	

（制表人：×××　制表时间：××××年××月××日）

通过活动前后岩棉板外墙保温质量问题排列图的对比，如图4-28、图4-29所示，可以看出"表面平整度偏差""立面垂直度偏差"已从活动前的"关键少数"成为活动后的"次要多数"，说明QC小组活动的改进措施有效，质量问题取得了较大的改善。

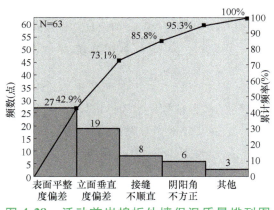

图4-28 活动前岩棉板外墙保温质量排列图
（制图人：×××　制图时间：××××年××月××日）

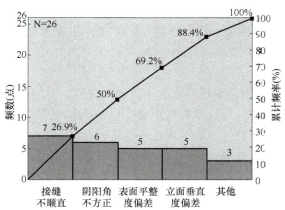

图4-29 活动后岩棉板外墙保温质量排列图
（制图人：×××　制图时间：××××年××月××日）

（2）间接效果

1）技术效益：积累了丰富的岩棉板外墙外保温施工经验，为公司培养了一批优秀的技术管理人才和一线操作工人，使企业的技术力量明显提高。

2）管理效益：通过QC小组活动，加强同事之间共同协作的团队精神，增强了凝聚力。

3）社会效益：工程质量明显提高，受到了业主、监理以及质检部门的充分肯定，为公司赢得了良好的社会信誉。

4）经济效益：岩棉板外墙保温系统的施工质量实测合格率从活动前的84%提高到了92.5%，质量合格率的提高有效减少了后期由于质量问题剔打修补、返工整改等而造成的直接经济损失。经预算部、财务部核算统计，节约了人工费 12000 元，节约了材料费 28000 元，支出 QC 小组活动经费 5000 元。合计节约施工成本：12000＋28000－5000＝35000 元。

11. 巩固措施

为使 QC 小组活动成果得到巩固和推广普及，制订如下巩固措施：

1）对本次活动的经验和成果进行总结、整理，通过公司组织技术交流会进行交流，最后形成《岩棉板薄抹灰外墙外保温系统施工作业指导书》，在公司的后续工程中推广应用。

2）在活动中修改完善的培训制度，已提交公司综合办公室供改进企业管理制度时参考。

3）通过本次 QC 小组活动，QC 小组成员解决问题的信心，尤其是技术攻关能力方面有了很大的提高。QC 小组活动将深入持续地开展下去，不断提高全体施工人员的质量意识和技术水平，改进施工中的薄弱环节，提高管理水平和预防控制水平。

12. 活动总结和下步打算

（1）总结　本次 QC 小组活动，小组成员均按照 PDCA 活动程序有序开展活动，小组活动已按活动计划圆满完成了活动目标，通过本次 QC 小组活动，深深体会到只有将技术和管理相结合，才能取得经济效益和社会效益，进一步提高施工质量。小组对本次活动进行总结收获以下几点：

1）专业技术方面：岩棉板薄抹灰外墙外保温是首次施工，缺乏这方面的技术和经验。通过本次 QC 小组活动的开展，顺利解决了该技术难题，积累了宝贵的施工经验，并形成《岩棉板薄抹灰外墙外保温系统施工作业指导书》，为公司以后类似工程的施工提供技术指导。

2）管理技术方面：QC 小组活动严格按照 PDCA 程序进行，解决问题的思路做到一环紧扣一环，具有严密的逻辑性。能以客观的事实和数据作为依据进行科学的判断分析与决策。统计工具运用合理、正确。但是在部分程序细节、数据分析和对策实施中还存在一些不足和缺陷。需要再接再厉，继续学习质量管理理论和 QC 知识，为今后开展活动提供保证。

3）小组成员综合素质方面：通过本次 QC 小组活动，使全体成员提高了质量意识和个人解决问题的能力，熟悉了 QC 的知识，增强解决问题信心，提高了团队精神、创优意识和管理水平，并为以后的工作积累了经验。活动前和活动后的自我评价见表 4-53，自我评价雷达图见图 4-30。

表 4-53　自我评价表

项目	质量意识	个人能力	QC 知识和活动能力	团队精神	管理水平	经验积累
活动前打分	7.0	7.5	6.8	8.0	7.5	7.3
活动后打分	9.5	9.2	9.0	9.7	9.1	9.0

（制表人：×××　制表时间：××××年××月××日）

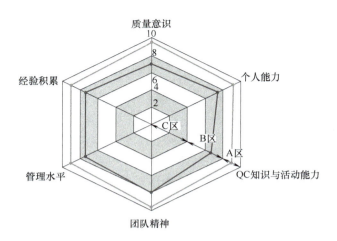

图 4-30　自我评价雷达图

（制图人：×××　制图时间：××××年××月××日）

（2）下一步打算　在今后的施工管理中，将利用 PDCA 循环法不断地创新继续开展 QC 活动，在巩固已有成绩的基础上进一步提高工程质量。将全面质量管理知识运用到工程实践中，为提高工程质量打下坚实的基础。

项目部下个 QC 活动课题是：《提高车库顶板加腋梁施工一次合格率》。

《提高岩棉板外墙外保温一次验收合格率》综合评价

1. 总体评价

《提高岩棉板外墙外保温一次验收合格率》为问题解决型课题，课题名称符合要求。QC 小组成员能够从现场实际出发，针对项目存在的岩棉板外墙外保温一次验收合格率不高的问题入手开展 QC 小组活动，将合格率由活动前的 84% 提高至活动后的 92.5%，超过了 90% 的课题目标。成果遵循 PDCA 循环，程序符合问题解决型指令性目标课题活动程序要求。选题理由明确、直接，现状清晰，做到了用数据说话。目标量化可测量、可检查，通过目标可行性论证找到了问题的症结，针对症结进行原因分析，依据末端原因对症结的影响程度逐项进行要因确认，对策表表头齐全，对策与要因相对应，实施过程图文并茂，活动效果较显著。成果应用了分层法、调查表、排列图、关联图、柱状图、雷达图等统计方法。

亮点 1：目标可行性论证时进行了分层分析，第一层为不同作业队，针对合格率最低的 D 作业队，继续进行第二层分析，找出了"表面平整度偏差大"和"立面垂直度偏差大"这两项影响内墙粉刷一次验收合格率的症结，值得学习和借鉴，小组也要继续坚持下去。

亮点 2：效果检查时先检查了课题目标的完成情况，而后同样运用调查表和排列图与现状调查进行比较，能直观地看到现状的改善情况。

2. 不足之处

（1）程序方面

1）目标可行性论证时调查出的"表面平整度偏差"和"立面垂直度偏差"两项问题为中性词，建议改为缺陷描述词。

2) 指令性目标设定依据应充分考虑以下三个方面：
① 国内外同行业先进水平。
② 组织曾经达到的最好水平。
③ 测算水平。
3) 应依据末端原因对症结或问题的影响程度来判断其是否为要因，影响程度大为要因，影响程度小为非要因；判定方式为现场测量、试验和调查分析；应有相关的事实和数据，而非仅仅是对标的数据。
4) 效果检查时产生的经济效益应实事求是，应有相关单位认可的经济效益证明文件。
5) 制订巩固措施时，应明确将哪些经过实施证明行之有效的措施纳入作业指导书中。
6) QC小组活动应体现"全员参与"的基本原则，应考虑将劳务人员名单纳入小组名单中。

（2）方法方面
1) 雷达图应为从坐标原点（圆心）引出的若干条射线，绘制出的同心圆；A、B、C三区建议备注标识，即理想水平、平均水平和不理想水平。
2) 图表三要素——名称、制作人及日期。

专家：×××

4.3　创新型课题成果解析

桥梁花瓶型墩柱钢筋施工新方法

1. 工程概况

本工程为×××工程，桥梁位于×××，如图4-31、图4-32所示。

上部结构设计：车行桥主梁采用（31+48+72+48+31）m变截面预应力混凝土连续箱梁，主跨跨径为72m，全长230m，为分离式双幅桥，桥面全宽2×22m，主梁采用单箱五室鱼腹式截面；人行桥上下起伏，左右变化，左、右侧人行桥均采用（48+72+48）m连续刚构体系，上部结构采用鱼腹式钢箱梁构造，梁高2~3m，宽3~6m，主梁均采用焊接钢箱梁。

下部结构设计：车行桥桥墩为圆形独柱花瓶墩结构，Z1墩底截面纵、横桥向尺寸为2m×4m，墩顶截面纵、横桥向尺寸为3m×6.94m；Z4墩底截面纵、横桥向尺寸为2.22m×4.59m，墩顶截面纵、横桥向尺寸为3m×6.94m；Y1墩底截面纵、横桥向尺寸为2.12m×4.3m，墩顶截面纵、横桥向尺寸为3m×6.94m；Y4墩底截面纵、横桥向尺寸为2.04m×4.11m，墩顶截面纵、横桥向尺寸为3m×6.94m；Z2、Z3、Y2、Y3墩底截面纵、横桥向尺寸为2.4m×5m，墩顶截面纵、横桥向尺寸为3m×6.94m；人行桥墩柱采用花瓶式墩柱，墩底截面纵、横桥向尺寸1.4m×2.2m，桥墩与钢箱梁采用墩梁固结体系。

因桥梁位于×××，桥梁设计为景观桥，为满足景观桥设计要求，设计墩柱外形为圆形花瓶墩结构，上部采用双曲线变颈结构形式，此种类型墩柱设计结构复杂，墩柱箍筋设计种类多，工人施工操作难度大，如图4-33~图4-37所示。

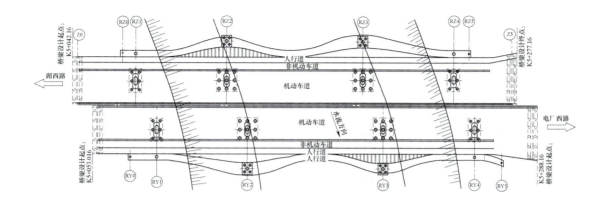

图 4-31　桥梁平面图

（制图人：×××　制图时间：××××年××月××日）

图 4-32　桥梁完成效果图

（制图人：×××　制图时间：××××年××月××日）

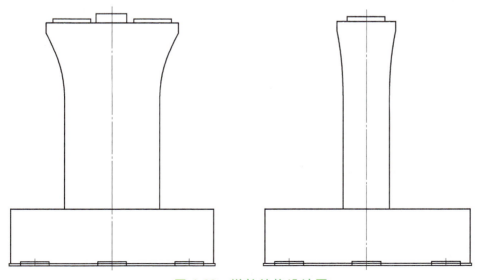

图 4-33　墩柱结构设计图

（制图人：×××　制图时间：××××年××月××日）

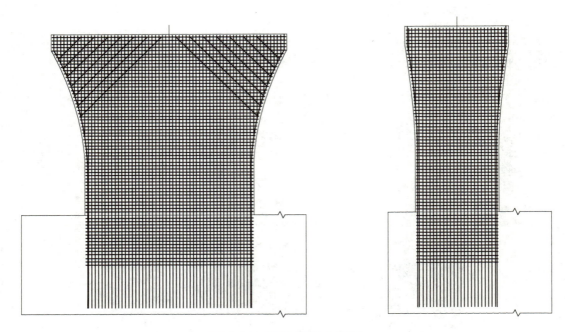

图 4-34　墩柱钢筋立面图

（制图人：×××　制图时间：××××年××月××日）

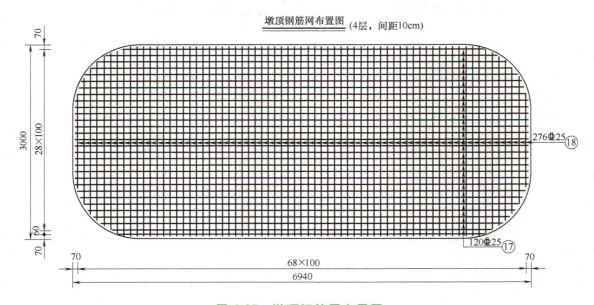

图 4-35　墩顶钢筋网布置图

（制图人：×××　制图时间：××××年××月××日）

第4章 案例解析

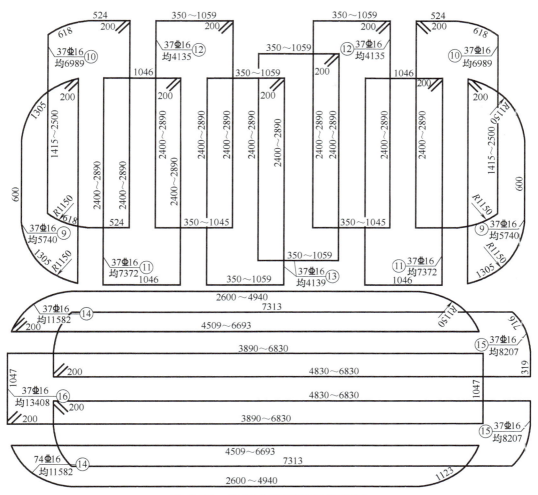

图 4-36 墩柱变截面钢筋布置图

（制图人：××× 制图时间：××××年××月××日）

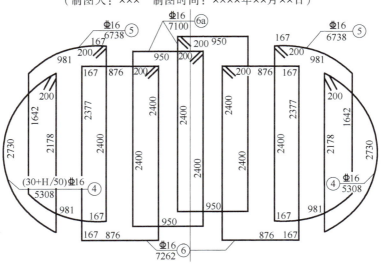

图 4-37 墩柱标准段钢筋布置图

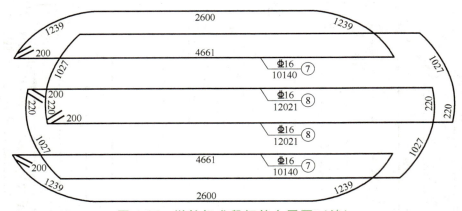

图 4-37 墩柱标准段钢筋布置图（续）

（制图人：××× 制图时间：××××年××月××日）

2. QC 小组概况

（1）QC 小组简介 QC 小组成立之后，所有组员在组长×××的带领下，确保每月 5 次的 QC 小组活动，且每月召开 1 次阶段检查会，对各小组成员工作进展进行全面检查，见表 4-54。

表 4-54 QC 小组简介表

小组名称	×××QC 小组	课题类型	创新型
成立时间	×××	课题注册号	×××
小组成员	10 人	小组登记号	×××
课题名称	桥梁花瓶型墩柱钢筋施工新方法		
活动时间：	活动频次：5 次/月	出勤率：100%	

QC 小组成员概况一览表

序号	姓名	性别	文化程度	技术职称	组内职务	小组分工	参加 QC 大纲学习时间（小时）
1	×××	男	本科	高工	组长	全面负责	60
2	×××	男	本科	高工	副组长	组织现场实施	60
3	×××	男	本科	高工	副组长	技术指导	60
4	×××	男	本科	高工	组员	现场实施	60
5	×××	男	本科	工程师	组员	现场实施	60
6	×××	男	本科	工程师	组员	现场实施	60
7	×××	男	专科	助工	组员	现场实施	60
8	×××	女	本科	助工	组员	资料整理	60
9	×××	女	本科	工程师	组员	资料整理	60
10	×××	男	本科	助工	组员	现场实施	60

（制表人：××× 制表时间：××××年××月××日）

（2）QC 小组活动进度计划　QC 小组活动进度计划见表 4-55。

表 4-55　QC 小组活动进度计划表

进度步骤		2021 年度						负责人
		8.1~8.15	8.15~8.31	8.31~9.15	9.15~9.30	9.30~10.15	10.15~10.31	10.31~11.15	
P	选择课题	━━							全体成员
P	设定目标及目标可行性分析		━━						全体成员
P	提出各种方案并确定最佳方案			━━					全体成员
P	制定对策				━━				全体成员
D	对策实施					━━			全体成员
C	效果检查						━━		全体成员
A	标准化							━━	全体成员
总结及下一步打算								━━	全体成员

（制表人：×××　制表时间：××××年××月××日　补录时间：××××年××月××日）

3. 选择课题

（1）需求分析

1）工期紧：×××工程为××市重点工程，整个工程施工工期为 360 天，整个工期时间内包括：×××的迁改，墩柱工程施工工期仅为 80 天，考虑交叉作业，单个墩柱钢筋施工工期仅为 10 天。

2）传统施工工艺质量无法满足要求：因桥梁位于×××公园内，桥梁设计为景观桥，为满足景观桥设计要求，设计墩柱外形为圆形花瓶墩结构，上部采用双曲线变颈结构形式，此种类型墩柱设计结构复杂，工人施工操作难度大，现有普遍的做法有两种施工方法：

① 首先施工墩柱主筋，然后施工墩柱箍筋的形式，如图 4-38 所示，但此种施工方法存在以下问题：

a. 墩柱钢筋互相矛盾，箍筋无法施工：墩柱箍筋与 N1a、N1b、N1c 竖向主筋、N3 墩顶支撑筋、N17、N18 墩顶网片钢筋冲突，此部分冲突导致墩柱钢筋无法进行施工。

b. 箍筋叠加多，外层没有间距：因墩柱钢筋设计种类多，造成墩柱单层钢筋叠加多，钢筋外层无间距。

② 首先施工墩柱箍筋，然后施工墩柱主筋的形式，但此种施工方法存在以下问题：

a. 墩柱成型间距不易控制：因墩柱钢筋种类较多，且墩柱钢筋之间相互矛盾，造成墩柱钢筋成型后间距不易控制。

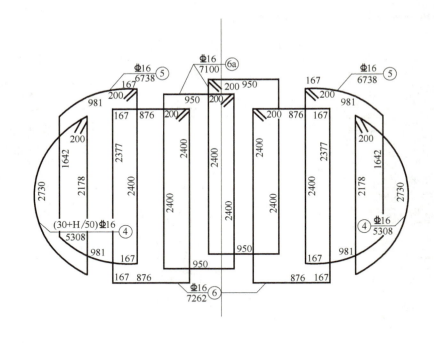

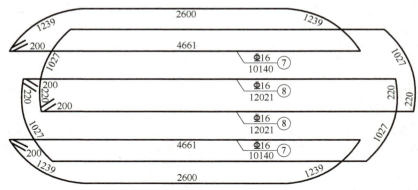

图 4-38 桥墩柱标准段钢筋布置图

(制图人：××× 制图时间：××××年××月××日)

b. 无法进行箍筋闭环的焊接：本工程墩柱截面尺寸为 6.94m×3m，墩柱箍筋需进行闭环焊接，但墩柱箍筋种类多，导致钢筋叠加多，施工间距小，无法进行墩柱闭环的焊接。

本工程施工质量目标为"××杯"奖，现传统施工工艺质量无法满足施工质量要求。

3）传统施工工艺工期无法满足要求：本工程墩柱钢筋施工假设按照传统施工工艺进行施工墩柱钢筋，施工流程如图 4-39 所示。

本项目墩柱工程若按照常规的施工方法施工，墩柱钢筋施工周期预计为 15 天，无法满足业主的工期需求和质量要求，QC 小组经讨论后提出构想，能否研制一种新型高效的墩柱钢筋施工方法，来满足本项目的工期要求，如图 4-40 所示。

（2）广泛借鉴 QC 小组成员通过查阅专利检索平台及学术网站，搜索"花瓶型墩柱""墩柱钢筋"等关键词，以及集思广益，海量搜索同行业类似项目的施工技术，共查得如下

接茬面凿毛清理
测量定位、复测
脚手架搭设
钢筋绑扎
钢筋制作
模板整修
模板安装、调整
模板制作
钢筋、模板检查
混凝土配合比设计
混凝土拌和及运输
混凝土浇筑
混凝土试件制作
混凝土养生
混凝土强度试验
拆模
整修、成品检验

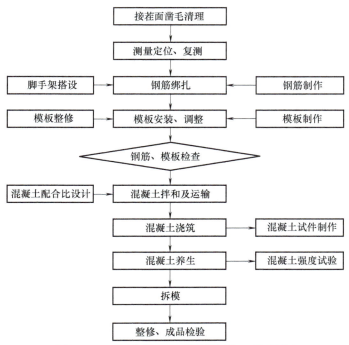

图 4-39　传统施工工艺墩柱施工流程图

（制图人：××× 　制图时间：××××年××月××日）

3 个专利文本，为 QC 小组的创新活动，提供了借鉴思路，见表 4-56。

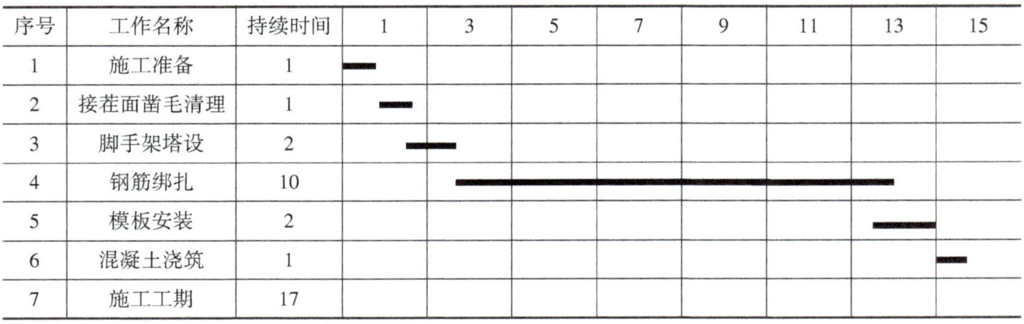

序号
工作名称
持续时间
1
3
5
7
9
11
13
15
1 施工准备 1
2 接茬面凿毛清理 1
3 脚手架搭设 2
4 钢筋绑扎 10
5 模板安装 2
6 混凝土浇筑 1
7 施工工期 17

图 4-40　传统施工工艺墩柱施工工期图

（制图人：××× 　制图时间：××××年××月××日）

表 4-56　借鉴思路统计表

创新需求：能够改善花瓶型墩柱钢筋施工的方法			
查询路径：中国知网 CNKI、中国期刊网、万方数据库			
查新内容：检索词为“花瓶型墩柱”“钢筋施工”“钢筋定位”			
序号	名称	申请人	申请号
1	城市桥梁墩柱钢筋整体安装施工方法	成军	CN201510167418. 6

（续）

序号	名称	申请人	申请号
2	一种墩柱钢筋定位装置及其施工方法	中铁大桥局集团有限公司	CN201910968917.3
3	一种墩柱钢筋绑扎模具	中国水电建设集团路桥工程有限公司	CN200920107625.2

（制表人：×××　制表时间：××××年××月××日）

1) 借鉴（一）："墩柱钢筋整体安装" → "花瓶型墩柱钢筋安装"，见表4-57。

表4-57　借鉴专利信息表（一）

专利名称	城市桥梁墩柱钢筋整体安装施工方法	专利申请号	CN201510167418.6
文献主要内容	一种城市桥梁墩柱钢筋整体安装施工方法，其特征是： (1) 钢筋加工：按设计图纸的钢筋类别、尺寸、形状进行加工。 (2) 墩柱骨架钢筋的绑扎成型： (a) 用10号工字钢制作钢筋骨架绑扎成型台。 (b) 按设计要求进行主箍筋在成型台上的成型绑扎。 (3) 整体钢筋骨架运输：用12m长平板车从加工场地运输至施工现场。 (4) 墩柱钢筋整体吊装： (a) 安装柱骨架筋前，先完成承台下的双层承台主筋，并确保标高位置准确。 (b) 承台下的双层承台主筋下按柱骨架筋的重量要求分配放置保护层块，以在确保保护层厚度的同时，满足承台下双层水平主筋能承担起柱骨架筋的重量并且不变形。 (c) 在承台下的双层水平主筋的上层钢筋上按柱的设计位置焊接柱骨架筋的平面定位箍筋。 (d) 用吊车将柱骨架筋整体吊起缓缓放入承台基坑内，并插入定们箍筋内侧。 (e) 校核插入的柱骨架筋的高程、垂直度，在确认无误后将柱骨架筋与定们箍筋焊接牢固。 (f) 在柱骨架筋的顶部四角设缆绳与地锚连接并用紧绳器拉紧同时进一步校验柱骨架筋的垂直度。 (g) 完成承台其他钢筋施工，在承台立模后浇筑承台混凝土。		
借鉴思路及原理	本工程墩柱设计钢筋种类多，间距小，钢筋相互矛盾等问题通过此方案无法全部解决，但通过借鉴"钢筋整体安装"方案，本工程对墩柱箍筋进行分层制作加工，通过提前预制的方法来解决钢筋种类多，布置形式复杂的问题，分层制作好的箍筋定型后运往现场安装，来满足控制墩柱钢筋间距小和缩短工期的需求		

（制表人：×××　制表时间：××××年××月××日）

2) 借鉴（二）："墩柱钢筋定位装置""墩柱钢筋绑扎模具" → "花瓶型墩柱钢筋安装"，见表4-58。

表 4-58　借鉴专利信息表（二）

专利名称	一种墩柱钢筋定位装置及其施工方法	专利申请号	CN201910968917.3
文献主要内容	一种墩柱钢筋定位装置，其特征是：两个对称间隔设置的固定单元1，所述固定单元1呈U形且其封闭端的宽度可调，所述封闭端的内侧中部垂直设有第一固定段10，所述固定单元1和第一固定段10的两侧上均间隔设有多个固定槽2；多组不同尺寸的组合单元，多组所述组合单元择一可拆卸地设于两个所述固定单元1之间，所述组合单元用于连接两个所述固定单元1对应的开口端以形成固定区，所述组合单元还用于连接两个第一固定段10，并将所述固定区分为第一固定区40和第二固定区41；两个分别设置在所述第一固定区40和第二固定区41内的中心单元5，每个所述中心单元5的尺寸可调，且每一所述中心单元5的内侧上均间隔设有多个所述固定槽2		
专利名称	一种墩柱钢筋绑扎模具	专利申请号	CN200920107625.2
文献主要内容	①采用本实用新型的墩柱钢筋绑扎模具，只需对钢筋模具进行定位，然后可由钢筋模具来控制其间距、排距及保护层，安装的钢筋横平竖直、间距均匀、基线流畅、结构合理，从而提高了钢筋安装的精度，同时，钢筋模具可重复利用，技术效果明显，可用于多个墩柱的钢筋绑扎施工。②本实用新型的一种墩柱钢筋绑扎模具，施工机具简单，采用钢筋、角铁、螺栓等简单器具进行加工，人工定位安装，加工费用低廉。③采用本实用新型的一种墩柱钢筋绑扎模具进行桥梁施工，能够加快施工进度，节省劳动力，达到施工的高效、快捷		
借鉴思路及原理	本工程墩柱钢筋种类多，墩柱钢筋叠加多，外层没有间距，但通过借鉴墩柱"钢筋定位装置"和"墩柱钢筋绑扎模具"原理，可对墩柱箍筋重点冲突部位进行定位绑扎，来满足控制墩柱钢筋施工质量和缩短工期的需求		

（制表人：×××　制表时间：××××年××月××日）

（3）课题确定　受上述网络借鉴情况启发，QC小组成员一致认定，通过以研制一种新型高效的墩柱钢筋施工方法，来解决墩柱箍筋钢筋施工间距不一致、钢筋绑扎混乱等问题，可以满足保证墩柱钢筋施工一次合格率达到95%，同时达到墩柱钢筋施工缩短工期的需求。经过QC小组成员共同研讨，本次QC小组活动课题确定为"研制花瓶型墩柱钢筋施工新方法"。

4. 设定目标及目标可行性论证

（1）目标设定 本工程质量目标为"××杯"奖，"××杯"奖质量评定要求主体结构为优良工程，同时 QC 小组成员针对墩柱钢筋验收一次合格率对××市周边工程的 500 个墩柱进行调研，发现此工程的平均墩柱钢筋一次验收合格为 91%，根据此工程的施工情况，本工程设定**墩柱钢筋施工一次验收平均合格率达到 95%**，见表 4-59、表 4-60。

表 4-59 ××市周边工程的墩柱钢筋一次验收合格率调查表

检查部位	墩柱箍筋间距和箍筋位置			
检查人员	×××、×××、×××、×××			
编号	检查时间	检查内容	检查工具	合格标准
1	墩柱钢筋施工完成，且班组自检合格后 1 天内	墩柱箍筋间距	钢卷尺	≤10mm
2		墩柱箍筋位置	钢卷尺	≤10mm

（制表人：×××   制表时间：××××年××月××日）

表 4-60 ××市周边工程的墩柱钢筋一次验收合格率汇总表

检查位置	样本总点数（个）	不合格点数（个）	合格率（%）
墩柱箍筋间距	250	30	88
墩柱箍筋位置	250	15	95
合计	500	45	91

（制表人：×××   制表时间：××××年××月××日）

因×××工程为××市重点工程，整个工程施工工期为 360 天，本工程设定墩柱钢筋施工工期不超过 10 天。

（2）目标可行性论证

1）论证（一）。根据借鉴专利《城市桥梁墩柱钢筋整体安装施工方法》/成军/中国专利申请号：CN201510167418.6，该方法为墩柱钢筋施工完成后进行整体安装的方案，QC 小组结合现场实际情况对此方案进行创新，对本工程墩柱钢筋进行分层制作完成后运往现场安装，此方案采用定型一体化钢筋安装，钢筋排序整齐，钢筋间距误差均小于±1cm。

2）论证（二）。根据借鉴专利《一种墩柱钢筋定位装置及其施工方法》/中铁大桥局集团有限公司/中国专利申请号：CN201910968917.3 和《一种墩柱钢筋绑扎模具》/中国水电建设集团路桥工程有限公司/中国专利申请号：CN200920107625.2，这两种方案原理均为采用墩柱钢筋绑扎模具，只需对钢筋模具进行定位，然后可由钢筋模具来控制其间距、排距及保护层，安装的钢筋横平竖直、间距均匀、基线流畅、结构合理，钢筋间距误差均小于±1cm。

3）论证（三）。QC 小组成员所在项目部拥有一个自动化钢筋加工车间，如图 4-41 所示，场地内设置龙门吊、钢筋切断机、钢

图 4-41 钢筋集中加工车间

（制图人：×××   制图时间：××××年××月××日）

筋弯曲机、专业工人 20 名，能够完成上述两种方案的实施。且 QC 小组技术力量雄厚，小组成员曾获得全国 QC 成果一等奖，并具备开展 QC 小组活动的理论知识。

QC 小组根据上述各方面的对比分析，通过借鉴的相关数据与设定目标值、拥有的资源和具备的能力进行分析，QC 小组一致认为目标值实现具备可行性。

5. 提出各种解决方案并确定最佳方案

（1）提出方案　本 QC 小组在××××年××月××日召开小组会议，并邀请参建单位作业人员进行参加。根据调查数据和借鉴思路，通过头脑风暴法对"花瓶型墩柱钢筋施工"进行了分析讨论，大家集思广益，提出了很多建设性的意见和建议，最后经过小组成员的归纳总结，共提出两个总体方案：

1）墩柱箍筋分层定型一体化施工。

一体化钢筋绑扎示意图如图 4-42 所示。

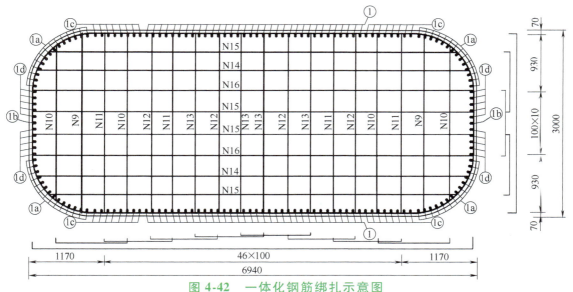

图 4-42　一体化钢筋绑扎示意图

（制图人：×××　制图时间：××××年××月××日）

2）花瓶型墩柱箍筋绑扎模具。

花瓶型钢筋绑扎模具示意图如图 4-43、图 4-44 所示。

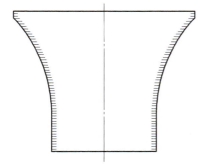

图 4-43　钢筋绑扎模具立面示意图

（制图人：×××　制图时间：××××年××月××日）

图 4-44　钢筋绑扎模具平面示意图

（制图人：×××　制图时间：××××年××月××日）

方案创新性分析：

QC 小组成员针对提出的两个总体方案在网络专利平台进行查新，并未发现有相关文献，见表 4-61。

表 4-61 查新情况统计表

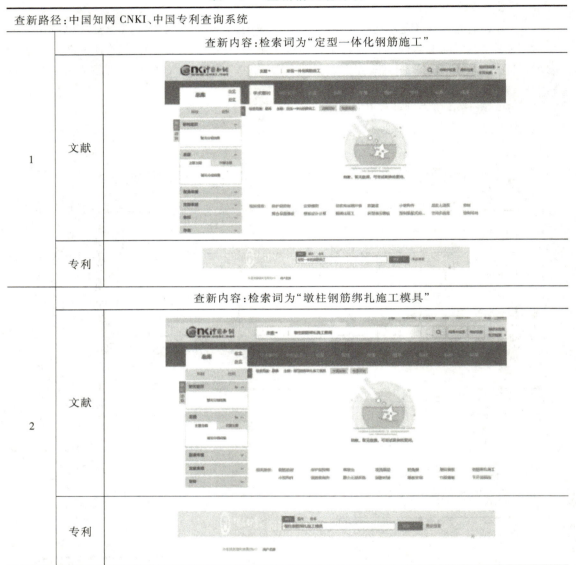

（制表人：××× 制表时间：××××年××月××日）

方案相对独立性分析：

两个总体方案，施工方法不同，"定型一体化钢筋施工"是一种钢筋施工的新方法，其主要内容为先加工墩柱箍筋，在钢筋加工车间焊接定型后运往现场组装，"墩柱钢筋绑扎施工模具"则是一种辅助墩柱钢筋施工的新型工具，主要内容为先制作墩柱钢筋定位模具后，在现场进行墩柱钢筋施工，因此两个总体方案具有各自的独立性。

（2）总体方案选定　总体方案选定见表 4-62。

表4-62 总体方案选定表

项目		方案一:"定型一体化钢筋施工"	方案二:"墩柱钢筋绑扎施工模具"
初步设计模型			
技术可行性	比选方法	模拟试验	模拟试验
	施工可行性	通过现场进行模拟试验,墩柱钢筋施工间距得到充分控制,可以满足施工要求	通过对现场进行模拟试验,墩柱钢筋施工间距得到充分控制,可以满足施工要求
	加工难度	现场进行流水化施工,墩柱钢筋施工,加工难度较小	现场墩柱高度不一致,工人需根据不同高度墩柱进行模具施工,加工难度大
经济合理性评估	小结	技术可行性较高	技术可行性一般
	人工	电焊工:3个工	电焊工:5个工
	材料	采用墩柱主筋进行固定,无额外材料	HRB400E φ16钢筋:0.5t
	施工进度	经过计算,需要平均7日完成一个墩柱钢筋施工	经过计算,需要平均12日完成一个墩柱钢筋施工
结论		采用	不采用

(制表人:××× 制表时间:××××年××月××日)

（3）方案分解　QC小组成员根据总体方案选定表进行进一步分析，通过对"定型一体化钢筋施工"方案的三个主要施工因素进行归纳和总结，形成方案分解系统图，如图4-45所示。

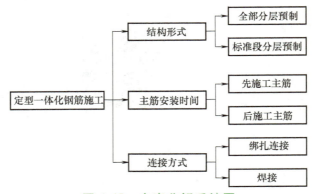

图 4-45　方案分解系统图

（制图人：×××　制图时间：××××年××月××日）

（4）分级方案对比　分级方案对比见表4-63~表4-65。

表 4-63　对比分析表（一）

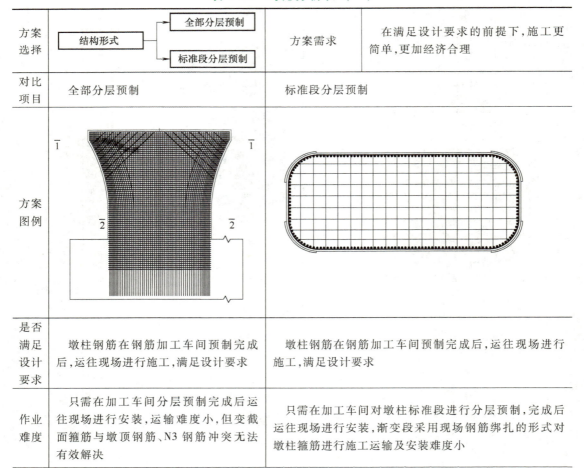

(续)

对比项目	全部分层预制	标准段分层预制
经济成本	吊装需采用随车吊进行运输和安装，单个墩柱施工费用为 1200 元，安装人工费 13550 元，共计 14750 元	吊装需采用随车吊进行运输和安装，单个墩柱施工费用为 1200 元，安装人工费 12250 元，共计 13450 元
结论	不采用	采用

（制表人：×××　制表时间：××××年××月××日）

表 4-64　对比分析表（二）

方案选择	主筋安装时间 → 先施工主筋 / 后施工主筋	方案需求	在满足设计要求的前提下，施工更简单，更加经济合理
对比项目	先施工主筋		后施工主筋
是否满足设计要求	墩柱钢筋主筋施工质量，满足设计要求		墩柱钢筋主筋施工质量，满足设计要求
作业难度	在定型一体化钢筋安装之前进行主筋施工，施工完成后放置定型一体化钢筋，施工难度较小		需先进行测量放线，确定墩柱位置后提前放置定型一体化箍筋，然后施工主筋，在主筋施工完成后再进行箍筋的定位，施工难度较小
经济成本	2000		2000
结论	不采用		采用

（制表人：×××　制表时间：××××年××月××日）

表 4-65　对比分析表（三）

方案选择	连接方式 → 绑扎连接 / 焊接	方案需求	在满足设计要求的前提下，施工更简单，更加经济合理
对比项目	绑扎连接		焊接
是否满足设计要求	墩柱钢筋施工质量，无法满足设计要求		墩柱钢筋施工质量，满足设计要求
结论	不采用		采用

（制表人：×××　制表时间：××××年××月××日）

（5）确定最佳方案　经过 QC 小组成员层层对比分析，最终确定了"定型一体化钢筋施工"的最佳设计方案，并根据最佳方案制作了最佳方案系统图，最佳方案系统图如图 4-46 所示。

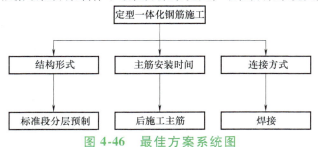

图 4-46　最佳方案系统图

（制图人：×××　制图时间：××××年××月××日）

QC 小组成员还根据"N+1"的原则增加了墩柱试验墩施工方案,并加入对策表中。

6. 制订对策

QC 小组成员针对最佳方案系统图及"N+1"的原则中的 4 条要因,逐一制订了详细的对策,对策表见表 4-66。

表 4-66 对策表

序号	对策	目标	措施	地点	时间	实施人
1	标准段箍筋分层预制	钢筋整齐有序,间距一致,一次验收合格率达到 95% 以上	采用梳子筋等措施钢筋进行墩柱箍筋的固定,保证墩柱钢筋间距一致	施工现场	10.1~10.8	×××
2	后安装主筋	钢筋间距一致,整齐有序,一次验收合格率达到 95% 以上	主筋提前进行放线,保证主筋预留位置,保证施工间距	施工现场	10.9~10.13	×××
3	采用焊接连接	钢筋焊接牢固,一次验收合格率达到 95% 以上	焊接采用二保焊,保证焊接质量	施工现场	10.13~10.15	×××
4	墩柱试验墩施工	墩柱钢筋施工达到 95% 以上	采用熟练工人,严格按照上述方法施工,保证施工质量	施工现场	10.1~10.8	×××

(制表人:×××   制表时间:××××年××月××日)

7. 对策实施

对策实施(一):标准段箍筋分层预制

墩柱箍筋采用分层预制的方法,针对墩柱每一层的箍筋进行定制施工,在钢筋加工区对箍筋采取提前排布的方法,对墩柱箍筋进行定制。定型一体化箍筋在现场放置时,提前制作"梳子筋",在现场施工时保证墩柱定型一体化箍筋钢筋施工间距,如图 4-47、图 4-48 所示。

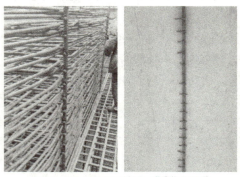

图 4-47 现场使用"梳子筋"控制施工间距

(制图人:×××   制图时间:××××年××月××日)

图 4-48 墩柱定型一体化箍筋钢筋放置

(制图人:×××   制图时间:××××年××月××日)

对策实施（一）效果检查：

墩柱定型一体化钢筋放置后，对墩柱钢筋进行检查墩柱钢筋间距，钢筋间距满足设计要求，对策实施目标实现，见表4-67、图4-49。

表 4-67　活动后钢筋间距调查表

检查部位	检查点数(个)	合格点数(个)	合格率(%)
箍筋水平间距	50	49	98
箍筋竖向间距	50	50	100

（制表人：×××　制表时间：××××年××月××日）

图 4-49　墩柱定型一体化钢筋放置后效果检查

（制图人：×××　制图时间：××××年××月××日）

对策实施（二）：墩柱主筋安装

定型一体化钢筋放置之前采用CAD提前对墩柱主筋进行定位，定型一体化钢筋提前预留主筋位置，避免冲突，如图4-50所示。

图 4-50　墩柱主筋安装

（制图人：×××　制图时间：××××年××月××日）

对策实施（二）效果检查：

墩柱主筋施工完成以后，QC小组成员使用卷尺进行间距检查，经过检查，主筋间距平均误差小于5mm，对策目标实现，见表4-68。

表 4-68　活动后主筋间距调查表

检查部位	检查点数（个）	合格点数（个）	合格率（%）
主筋水平间距	50	50	100

（制表人：×××　制表时间：××××年××月××日）

对策实施（三）：钢筋采用焊接连接

定型一体化钢筋采用二氧化碳气体保护焊进行墩柱钢筋焊接连接，保证焊接施工质量，如图 4-51 所示。

图 4-51　墩柱定型一体化钢筋焊接

（制图人：×××　制图时间：××××年××月××日）

对策实施（三）效果检查：

定型一体化钢筋焊接完成后，QC 小组成员抽检 20 层定型一体化钢筋进行焊接质量检查，经过检查，焊接质量一次验收合格率达到 95% 以上，对策目标实现。

对策实施（四）：墩柱试验墩施工

墩柱设置试验墩，测试墩柱定型一体化钢筋施工质量，试验墩设置为 Z2 墩柱。

对策实施（四）效果检查：

墩柱试验墩施工完成以后，小组成员对试验墩进行钢筋验收，经过检验，试验墩钢筋间距误差均小于 1cm，验收合格，因此对策实施效果达到目标，如图 4-52、图 4-53 所示。

图 4-52　试验墩完成效果图

（制图人：×××　制图时间：××××年××月××日）

图 4-53　试验墩钢筋间距检查图

（制图人：×××　制图时间：××××年××月××日）

8. 效果检查

（1）目标检查　经过 QC 小组成员的多次活动，认真组织实施对策，QC 小组于 10 月 7 号对已完成的 Z2、Z3 墩柱进行效果检查。

QC 小组随机对 Z2、Z3 墩柱钢筋施工抽取了 180 点进行了检查，不合格 6 点，合格率 96.6%>95%。详见活动后施工情况调查（表 4-69）、柱状图（图 4-54）。

表 4-69　活动后施工情况调查表

检查部位	墩柱钢筋施工		
检查人员	×××、×××、×××、×××、×××		
检查项目	检查内容	检查工具	合格标准
墩柱钢筋绑扎	箍筋间距	卷尺	≤10mm
	主筋间距	卷尺	≤10mm

（制表人：×××　制表时间：××××年××月××日）

QC 小组通过活动的调查表进行汇总分析，情况见表 4-70。

表 4-70　汇总分析表

序号	墩柱编号	检查数量点数（个）	合格点数（个）	合格率（%）
1	Z2 墩柱	90	86	95.5
2	Z3 墩柱	90	87	96.7
	合计	180	173	96.1

（制表人：×××　制表时间：××××年××月××日）

QC 小组根据现场情况，采用柱状图统计方法进行合格率对比分析，如图 4-54 所示。

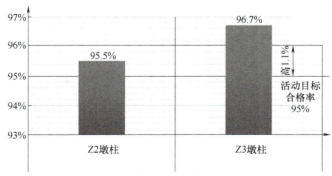

图 4-54　活动实施后 Z2、Z3 墩柱钢筋一次验收合格率与活动目标合格率对比柱状图
（制图人：×××　制图时间：××××年××月××日）

从柱状图可以看出：在活动后，Z2、Z3 墩柱钢筋一次验收合格率分别为 95.5%、96.7%，均高于 QC 小组目标合格率 95%。

（2）经济效益　通过成本核算，本次活动创造的经济效益如下：

由于施工前的充分准备和施工过程中的持续控制，大幅度提高了本项目墩柱钢筋施工的质量，见表 4-71、图 4-55。

表 4-71　墩柱钢筋施工完成时间表

优化前	优化后
人工消耗量:15 工日	人工消耗量:7 工日

（制表人：××× 制表时间：××××年××月××日）

由表可得：

优化后每个墩柱施工人工费节约：

200 元/工日×(15 工日−7 工日)= 1600(元)

本工程利用 QC 活动以后施工的墩柱有 12 个，经过 QC 活动后节约施工成本：

1600 元×12 = 19200(元)

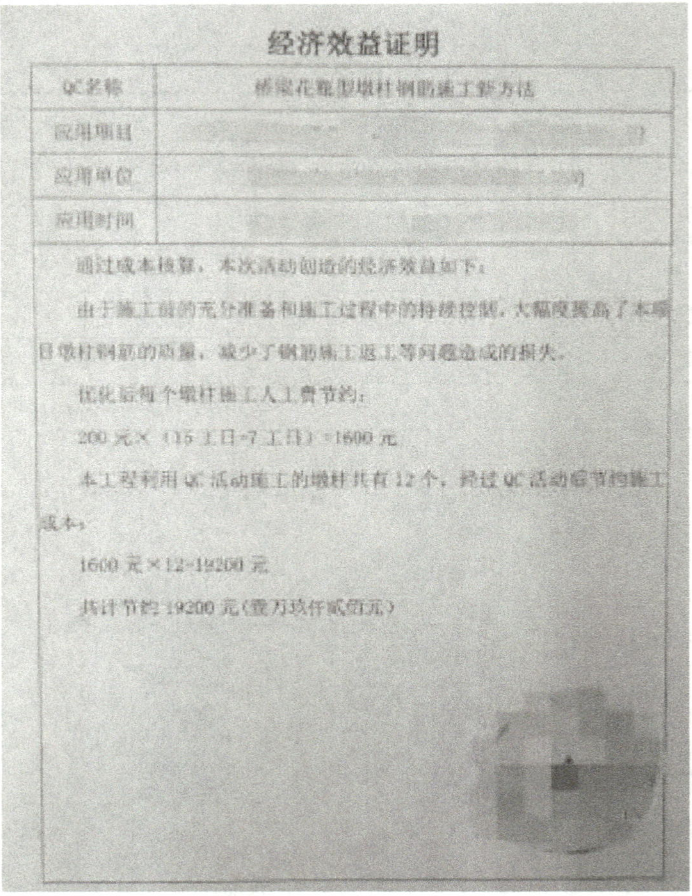

经济效益证明

QC名称	桥梁花瓶型墩柱钢筋施工新方法
应用项目	
应用单位	
应用时间	

通过成本核算，本次活动创造的经济效益如下：

由于施工前的充分准备和施工过程中的持续控制，大幅度提高了本项目墩柱钢筋的质量，减少了钢筋施工返工等问题造成的损失。

优化后每个墩柱施工人工费节约：

200 元×（15 工日-7 工日）=1600 元

本工程利用 QC 活动施工的墩柱共有 12 个，经过 QC 活动后节约施工成本：

1600 元×12=19200 元

共计节约 19200 元（壹万玖仟贰佰元）

图 4-55　经济效益证明

（制图人：××× 制图时间：××××年××月××日）

(3) 社会效益　×××工程项目实行质量标准化管理，有效地提升了工程实体质量和质量管理水平，在××省住房和城乡建设厅的组织下，开展了全省市政工程质量提升推进会暨市政工程质量标准化、《工程质量手册》贯彻落实现场观摩会，得到了社会各界及同行业的一致认可，如图 4-56 所示。

图 4-56　全省市政工程质量提升推进会暨市政工程质量标准化、
《工程质量手册》贯彻落实现场观摩会现场图片

（制图人：×××　制图时间：××××年××月××日）

9. 标准化

为了巩固本次 QC 小组活动的成果，编制了《墩柱箍筋定型一体化施工法作业指导书》，对现场管理人员、操作工人进行统一培训、发放，明确现场管理人员质量控制点，规范操作工人施工作业行为，如图 4-57 所示。

图 4-57　墩柱箍筋定型一体化施工法作业指导书

（制图人：×××　制图时间：××××年××月××日）

制订墩柱钢筋施工质量检查标准，以月检、周检、日常抽检等形式进行综合打分评比，并以评比结果为准进行奖惩。

10. 总结和下一步打算

（1）总结

1）专业技术方面。QC 小组成员不仅学习和实践了 QC 小组活动科学方法，而且在专业技术方面有所提高。通过活动的开展，QC 小组成员加深和巩固了墩柱钢筋优化的方法，提高了工程测量技术水平，积累了经验。对于今后开展类似工程提供了科学有效的指导方法，见表 4-72。

表 4-72　专业技术总结表

小组成员	专业技术个人总结
×××	掌握 PDCA 循环，指导施工、统筹规划
×××	对 QC 活动全程每一步骤都了解，增加了组织能力
×××	掌握并熟练运用六点测量方法，提高了测量定位技术
×××	掌握 QC 部分统计方法的使用
×××	掌握了统计表、排列图、柱状图的绘制
×××	QC 的现状调查学会分层和归类、掌握对要因和非要因的判断
×××	BIM 三维建模的能力得到了有效锻炼

（制表人：×××　制表时间：××××年××月××日）

2）管理方法方面。在解决问题的全过程中，QC 小组严格按照 PDCA 程序进行，QC 小组成员对课题活动程序更加理解清楚，能够遵循以事实为依据，为以后开展活动奠定了基础，QC 小组成员对统计方法的应用更加熟练，分析问题和解决问题的能力得到了进一步提高。

3）QC 小组成员的综合素质方面。通过开展 QC 小组活动，发挥了 QC 小组各成员的思维优势，集中了每个人的长处，大幅提高了 QC 小组的质量意识、个人能力和解决问题的信心，同时对自主管理活动的各项能力进行了自评互评。激发了 QC 小组各成员对工作的热情，自身各方面能力得到了有效提高，见表 4-73、图 4-58。

表 4-73　综合素质评价表

项目	自我评价	
	活动前打分	活动后打分
质量意识	8.5	9.5
改进意识	7	8.5
参与意识	8	9.5
问题意识	8	9
QC 知识	7	9
竞争意识	7	8.5

（制表人：×××　制表时间：××××年××月××日）

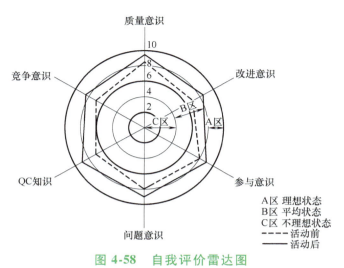

图 4-58 自我评价雷达图

（制图人：×××　制图时间：××××年××月××日）

（2）下一步打算　本次 QC 小组活动至此告一段落。通过施工前的充分准备和施工过程中的持续控制，有效提高了本工程墩柱钢筋的施工质量，创造了可观的效益，顺利完成了课题目标。同时，QC 小组各个成员也得到了很好的锻炼，提升了水平、丰富了知识、积累了经验。今后的工作中，可能遇到更大的施工难题。为了展示企业形象、创造效益、提高质量，我们将再接再厉，坚持把质量放在第一位。下一步我们将以"**提高现浇箱梁预应力线型一次验收合格率**"作为 QC 课题继续努力。

《桥梁花瓶型墩柱钢筋施工新方法》综合点评

××××公司 ××QC 小组

1. 总体评价

《桥梁花瓶型墩柱钢筋施工新方法》为创新型课题，课题名称符合要求。QC 小组成员能够从现场实际出发，针对传统墩柱钢筋施工无法满足圆形花瓶墩结构施工要求的实际需求入手开展 QC 小组活动，成功研发出桥梁花瓶型墩柱钢筋施工新方法，满足了合格率要求，实现了活动目标。成果遵循 PDCA 循环，程序创新型课题活动程序要求。成果运用了雷达图等统计方法。

2. 不足之处

（1）程序方面

1）第五项"提出各种解决方案并确定最佳方案"应按照《质量管理小组活动准则》（T/CAQ 10201—2020）修改为"提出方案并确定最佳方案"。

2）选择课题时，应明确内、外部顾客及相关方的实际需求；还应阐述清楚现有技术、工艺、技能和方法等是如何不能满足需求的情况，建议能做到用事实和数据说话。建议多用定量描述少用定性阐述。

3）小组成员里建议增加作业人员，以体现"全员参与"的基本原则。

4）对策表中日期为完成时间，应为一个时间点，而非时间段。

5）方案（包括总体方案和分级方案）比选时，应明确是基于现场测量、试验和调查分析中的哪一种或哪几种方法进行的评价和选择。

6）标准化应增加对创新成果的推广应用价值进行评价和描述。

7）总结及下一步打算时，应着重从创新的角度进行总结。

（2）方法方面

1）系统图的各矩形框之间应用直线连接，不应用箭头连接。

2）综合素质评价表中数值建议为整数。

专家：×××

参 考 文 献

[1] 中国质量协会. 质量管理小组活动准则：T/CAQ 10201—2016 [S]. 北京：中国标准出版社，2016.
[2] 中国质量协会. 质量管理小组活动准则：T/CAQ 10201—2020 [S]. 北京：中国标准出版社，2020.
[3] 中国质量协会. 质量管理小组基础知识 [M]. 北京：中国标准出版社，2011.
[4] 中国质量协会. 质量管理小组理论与方法 [M]. 北京：中国质检出版社，中国标准出版社，2013.
[5] 中国建筑业协会工程建设质量管理分会. 工程建设QC小组基础教材 [M]. 北京：中国建筑工业出版社，2020.
[6] 中国施工企业管理协会. 工程建设质量管理小组活动理论与实务 [M]. 2版. 北京：中国计划出版社，2020.
[7] 吕青，陈秀云. 质量行动力　QC小组活动ABC [M]. 北京：中国计量出版社，2010.
[8] 职晓云. 质量管理小组活动工作实操及案例 [M]. 北京：机械工业出版社，2020.